L. HÖLLTHALER · PILZDELIKATESSEN

Luce Höllthaler

Pilz-Delikatessen

Rezepte für Sammler und Geniesser

HÄDECKE

Inhalt

ISBN 3-7750-0257-X
2. Auflage der Neuausgabe

Einbandentwurf (nach einem Foto von Ulrich Kopp) und Layout: Monika Graff
Fotos:
Harry Bischof, l'eveque, München, S. 74.
Edith Gerlach, Frankfurt am Main, S. 3, 6/7, 19, 30/31, 43, 46, 51, 54, 55, 58, 62, 75.
Bruno Hausch Bff, München, S. 66/67.
Archiv-Höllthaler, Baden bei Wien, S. 11.
Komplett-Büro, München: CMA S. 35, Thomy S. 38, USA-Sonnenblumenkerne S. 22,
Ulrich Kopp, Füssen, S. 27.
Satz: IBV Satz- und Datentechnik GmbH, Berlin
Druck: Mohndruck, Gütersloh
Printed in Germany 1995

Salz

Zu diesem Buch

Immer häufiger benützen mich Leute, die ich zum Teil gar nicht kenne, als eine Art private Pilzberatungsstelle.

Wenn ich Zeit habe, gebe ich ihnen gerne Auskunft über ihren Fund und erkläre ihnen die mitgebrachten Pilzarten. Aber schon kommt die nächste Frage: »Was machen wir nun mit unseren Pilzen? Wie bereiten wir die einzelnen Arten am besten zu?« Auf diesem Gebiet wollen sie mehr erfahren und notieren sich eifrig die Rezepte, die ich ihnen aus dem Stegreif diktiere.

Die meisten Pilzsammler besitzen zwar ein illustriertes Pilzlehrbuch, mit dem sie halbwegs zurechtkommen, aber kein Pilzkochbuch, das ihnen in detaillierter Form Anregungen vermittelt. Darum glaube ich, mit der Herausgabe dieses Buches einem vielgehegten Wunsch zu entsprechen. In erprobten Rezepten lernen Sie hier die individuelle Zubereitung von verschiedenen Speisepilzen kennen. Mit diesem neuerworbenen kulinarischen Wissen haben Sie auch den gewiegtesten Hausfrauen und Köchen einiges voraus. Denn oft beruht das Nonplusultra gewisser Speisen auf der Zugabe spezieller Pilzpulver oder -essenzen und wird in der Kochkunst als Geheimnis streng gehütet.

Mein Buch soll Sie anregen, sich bereits im Wald mit der Zubereitung Ihrer Pilze auseinanderzusetzen, gezielt zu sammeln und das Bücken nicht nur als eine gesunde, sportliche Übung zu betrachten. Sie sollen zu vielen bisher kaum beachteten Pilzarten eine ganz neue, genußreiche Beziehung bekommen.

Pilzsammler oder Schwammerlsucher, wie die Bayern und Österreicher sagen, haben sich, auch wenn sie vorerst nur Pfifferlinge und Steinpilze sammeln, doch einen Rest am aktiven Verhältnis zur Natur bewahrt. Diese Aktivität möchte ich fördern und schon im Wald, vor allem aber in der Küche kultivieren. Leider verhalten sich viele Waldbesucher, zum Schaden der Natur, nicht immer richtig. Was ein erfahrener Pilzsammler und -koch unter »Ungezogenheiten« versteht und wie man diese vermeiden kann, soll hier auch erklärt werden.

Ratschläge für Pilzsammler

Weltbürger Pilz

Da ich in Baden bei Wien lebe, kenne ich natürlich die Wälder der Umgebung wie meine Westentasche. Im Wienerwald finden wir die gleichen Pilzarten wie im Spessart, im Böhmerwald oder in den Vogesen. Ich habe mich selbst davon überzeugt. Es gibt zwar deutsche Hausfrauen, aber keinen deutschen Pilz als solchen, und die Wiener Schwammerln gedeihen in Norwegen meist noch besser. Hochlandsorten sehen in der Regel anders aus als die Pilze der Ebene. So war ich zum Beispiel ungeheuer entzückt von Perlpilzen, die ich in Almwäldern des Salzburger Landes gefunden habe. Sie standen dick und festfleischig da wie dralle Steinpilze, während sie im Wiener Raum eher dünnfleischig und zart sind wie magere Mannequins. Der Wuchs ist regional sehr unterschiedlich. Einige Arten treffen wir hier nur vereinzelt an, dort aber in rauhen Mengen. Die meisten Röhrlinge habe ich in schwedischen Wäldern gepflückt, Kaiserlinge hauptsächlich im ehemaligen Jugoslawien und in Italien. Meine Erfahrungen beschränken sich also wirklich nicht nur auf den Wienerwald.

In Deutschland wird viel mehr in Sachen Pilzaufklärung getan als bei uns. Die vielen Pilzberatungsstellen sind eine praktische Einrichtung. So etwas kennt man bei uns weitgehend nicht. Hier sind Pilzsammler reine Autodidakten mit künstlerischem Einschlag und einem Hang zum Essen. Mein Freund, der Maler KUC, ein wunderbarer, naiver Künstler, malt sogar Pilze, die es gar nicht gibt.

Aber ich glaube, wenn ich meine gesammelten Pilze bei unserem Marktamt vorweisen würde, wäre man dort auch geneigt, mir zu erklären, daß es sie gar nicht gibt. Ich habe wenig Vertrauen zu unseren öffentlichen Stellen. Da kann man von kauzigen Waldläufern schon mehr lernen.

Den Pilzhorizont erweitern

Wie schon erwähnt, gibt es viele Leute, die ausschließlich Steinpilze und Pfifferlinge sammeln und behaupten, alle übrigen Sorten schmeckten nicht gut und könnten giftig sein. Leider ist diese Einstellung in fast alle Bereiche unseres Lebens eingedrungen. Ob das nun in der Musik ist oder in anderen Kunstsparten, selbst beim Tolerieren von Landschaften: »Wir fühlen uns auf Bergen nicht wohl« oder »wir hassen das Flachland« oder »das Meer kann uns gestohlen bleiben«, natürlich auch beim Essen: »Lamm würden wir nicht einmal kosten«, »Fische haben ja Gräten« oder »Innereien kann ich nicht ausstehen«.

Mein Buch soll dazu beitragen, diese ererbten oder anerzogenen Vorurteile abzubauen. Es soll die Fähigkeit des Genießens anregen und hinweisen auf die vielfältigen Freuden, die uns die Natur beschert hat.

Die Ausrüstung

Ich hoffe, Sie wissen bereits, daß Sie Ihren Fund nicht in Plastiksäckchen transportieren sollen, da Pilze einen hohen Gehalt an Eiweiß aufweisen, das sich – je nach Sorte – mehr oder weniger leicht zersetzt. Dann werden auch eßbare Pilze giftig, wie eben Fleisch und Fisch auch giftig werden, wenn sie nach einer gewissen Zeit verderben.

Wie überall gibt es auch für die Wahl des Behältnisses Grenzsituationen: Stellen Sie sich vor, Sie sind mit dem Auto geschäftlich unterwegs, und plötzlich – völlig unvorhergesehen – entdecken Sie Pilze am Wegrand. Sie haben keinen Pilzkorb bei sich, nur ein Plastiksäckchen. Werden Sie die Pilze stehenlassen? Natürlich können Sie auch Ihr Hemd abstreifen, Ärmel und Rumpföffnung verknoten oder Ihre Hose ausziehen,

die Hosenröhren zubinden und sie mit Pilzen füllen. Lassen Sie sich aber nicht ohne Hose erwischen! Sie sollten also immer ein Körbchen oder andere luftige Behälter in Ihrem Auto mitführen. Man weiß ja nie, ob einem nicht aus heiterem Himmel ein Pilz in den Weg springt. Zum Transport von Pilzen eignet sich am besten ein geräumiger, fester Pilzkorb, der die reichhaltige Ausbeute nicht zusammenpreßt.
Pilze sollen nicht schwitzen! Saubere Leinensäckchen können bei unerwartet großen Funden oft zusätzlich von Vorteil sein. Ebenso empfiehlt sich ein Extrasäckchen für Pilze, die Sie erst zu Hause anhand Ihres Pilzbuches genau identifizieren wollen.
Ein kleines Messer wird Ihnen gute Dienste leisten. Verschiedene Pilze, wie etwa der Hexenröhrling, lassen sich erst durch Anschneiden genauer bestimmen. Und einige schleimende Arten, wie der Butterpilz oder das Kuhmaul, sollten bereits im Wald mit dem Messer geputzt werden.

Messerhelden

Die sogenannten Pilze sind nur die »Blüten« eines weitverästelten, unterirdischen Pilzgeflechts, das wir Myzel nennen. Um dieses Myzel vor ungestümen Beschädigungen zu behüten, empfehlen die modernen Lehrbücher, den Pilz knapp über dem Boden abzuschneiden. Dadurch wurde der Begriff »Pilze pflücken« verpönt, man liest nur mehr von »Pilze sammeln«, dabei müßte es nach dieser Auffassung »Pilze schneiden« heißen. Nun, lieber Leser, ich bin kein Pilzeschneider. Mein Vater war auch keiner. Schließlich habe ich ja keine Frankensteinpranke sondern eine eher gefühlvolle Hand. Ich drehe den Pilz sorgfältig aus dem Erdreich, wie es Pilzkenner seit Urzeiten tun, und erfreue mich am Anblick des ganzen Pilzes, dem nicht der Fuß amputiert wurde.
Die Empfehlung des Pilzeschneidens hat leider zu einer neuen Unart geführt: Oft finde ich eine Unmenge faulender Stiele, die man aus Unverständnis »weiterwachsen« ließ, indem man nur den Hut abschnitt. Und das bei Arten, von denen der Stiel ebenso gut schmeckt wie der Hut! Wenn ich überlege, was für köstliche Speisen man aus den Stielen hätte machen können, ärgere ich mich über Ratgeber, die, ohne es zu wollen, ahnungslose Anfänger zu einer solchen Verschwendung anstiften. Da glaube ich schon eher der anderen Lehrmeinung, die besagt, daß abgeschnittene Stiele eine Art Sepsis im Myzel bewirken. So ist es auch bei Champignonzüchtern üblich, die zur Verwendung geeigneten Exemplare aus der sprossenden Nachkommenschaft herauszudrehen und nicht herauszuschneiden.

Pilze gezielt sammeln

Auf den ersten Blick erkenne ich den echten Schwammerlsucher. Er bewegt sich unauffällig und ohne Hektik, ist eher scheu und kauzig als forsch und weltmännisch und wirkt wie ein organischer Bestandteil des Waldes, wie ein Baum, ein Reh oder ein Pilz.
Für Menschen, die eine echte Beziehung zur Natur haben, denen es schon immer ein Anliegen war, durch den Wald zu streifen, ob sie nun Pilze suchten oder nicht, können Pilzbücher eine wertvolle Hilfe bedeuten. Da ich weiß, in welch vielfältigen Erscheinungsformen sich oft eine einzige Pilzart offenbart, bedingt durch Jahreszeit und Standort, habe ich mich nach und nach mit einer großen Anzahl von Pilzbüchern eingedeckt. Einige habe ich von meinem Vater übernommen. Es ist wohl einfacher, eine unbekannte Art zu bestimmen, wenn man zehn, oft sehr unterschiedliche Abbildungen eines einzigen Pilzes vor sich liegen hat. Da kann es vorkommen, daß mein Pilz einer Abbildung so genau gleicht, als ob er selbst dem Graphiker Modell gesessen hätte. Ich weiß nicht, ob man guten Pilzfotos oder guten Pilzzeichnungen den Vorzug geben soll. Man sollte beides haben, mehrfach. Ich habe nicht vor, hier theoretische Kapitel aus Pilz-

lehrbüchern in leicht veränderter Form wiederzugeben. Vielmehr möchte ich etwas Neues bringen, aus eigener Erfahrung und eigenen Versuchen. Kaufen Sie sich ein Buch über Theorie! Denn mein Buch ist die praktische kulinarische Ergänzung dazu. Mein Thema heißt: Pilze sammeln, individuell behandeln, bestmöglich zubereiten, total verwerten und mit Genuß essen.
Wenn Sie Ihren Fund bestimmt haben und dazu meine Ausführungen lesen, werden Sie bald ebensoviel wissen wie meine Begleiter, denen ich die Pilze im Wald, unter dem Putzmesser und in der Pfanne zeige, um ihren Appetit anzuregen. Und Sie können mir glauben: Die lassen die leckeren Pilze weder im Wald noch auf dem Teller stehen!
Maßloses Sammeln, das zu unüberlegter Vergeudung wertvoller Speisepilze führt, sollte bestraft werden! Schon am nächsten Morgen sind die unbehandelten Pilze meist von Maden zerfressen und wandern in die Abfalleimer unserer Wegwerfgesellschaft. Sollten Ihre Pilze – aus welchen Gründen auch immer – ungenießbar geworden sein, so streuen Sie diese unter Hecken in Ihrem Garten oder sonstwo aus, aber werfen Sie sie nicht in die Mülltonne! Oft gelingt es doch noch den Sporen der verdorbenen Pilze, an geeigneten Plätzen ein Myzel zu bilden und ihre Art auf diese Weise fortzupflanzen.
Für Pilznormalverbraucher empfiehlt es sich, den Fund gleich an Ort und Stelle zu putzen (siehe Seite 13). Für Pilzsammler jedoch, die vorhaben, eine möglichst große Ernte heimzuholen, sieht die Praxis folgendermaßen aus: Sie säubern Ihre Pilze oberflächlich vor, um sich nicht allzulange dabei aufhalten zu müssen. Hier möchte ich Sie mit einer Faustregel bekanntmachen, die ich immer wieder erprobt habe: Angenommen, Sie suchen vier Stunden lang Pilze und finden auch sehr viele, so rechnen Sie acht weitere Stunden für ihre Verwertung:

Pilze sammeln, Pilze putzen und Pilze kochen macht jeweils ein Drittel aus.

Prädikat: Pilznarr

Die Hauptmerkmale eines Pilznarren sind Neugierde und Appetit. Kein Mensch wird als Pilzkenner geboren. Aber der wachsende Wunsch, neue Arten kennenzulernen – vor allem die eßbaren – und sich mit ihnen kulinarisch auseinanderzusetzen, macht den Pilznarren aus. Wagen Sie sich ruhig auch an genießbare Arten heran, die in manchen Pilzbüchern als weniger wertvoll gekennzeichnet sind. Sie werden überrascht sein, wie fein sie nach einer speziellen Vorbehandlung schmecken können. Die richtige Zubereitung zu finden, erfordert natürlich Phantasie, Liebe zum Kochen und ein gewisses »G'spür«, das man entweder hat oder sich durch Experimentierfreudigkeit aneignen kann. Sie haben es nun einfacher: Sie müssen nur in meinem speziellen Pilzteil nachschlagen und sich an eines der angeführten Rezepte halten.

Ein Pilznarr ist also ein weiterstrebender Pilzkenner, der seine Beute nicht nur schlägt, sondern auch mit Appetit verspeist. Er muß durchaus kein Mykologe sein. Denn Wissenschaftler befassen sich kaum mit den kulinarischen Aspekten. Man bezeichnet sie eher als »hager« und »trocken«, aber nicht als »freßlustig«, »genußfreudig« oder Typen mit »wäßrigem Mund«.

Ein Pilznarr ist auch kein professioneller Pilzsammler. Er neidet Anfängern und Profis nicht ihren einseitigen Fund, weil seine Ausbeute an köstlichen Speisepilzen bedeutend vielseitiger ist. Ein Pilznarr hat Charakter und wird nach Möglichkeit sein Hobby nicht verraten, indem er es gewerblich betreibt, das heißt: Pilze sammeln, um sie zu verkaufen.

Und abschließend möchte ich noch sagen, daß einem Pilznarren alles erlaubt ist. Er genießt die sogenannte Narrenfreiheit, weil er aus Achtung vor der Natur und Liebe zu den Früchten des Waldes ohnehin nichts tut, was diese Ordnung stören könnte. Er hinterläßt keine Spuren auf seiner Fährte, keine Pilzleichen, keine vergeudeten Stiele, keine Risse im Myzel. Ein Anfänger müßte, falls er hinter ihm nachginge, voll Überzeugung sagen: »Hier hat noch niemand nach Pilzen gesucht. Der Boden muß sehr schlecht sein, weil keine Pilze wachsen.« Und er wird beim nächsten Mal einen anderen Weg nehmen.

Wenn es mir gelingt, aus Ihnen, lieber Pilzfreund, einen überzeugten Pilznarren zu machen, würde ich mich richtig freuen. Und – mein Ehrenwort – Ihre Freude wäre noch größer.

Ratschläge für Pilzköche

Aus Ihren Pilzen das Beste machen

Die Pilze suchen nicht uns, sondern wir suchen die Pilze. Wenn wir eine gewisse Art finden wollen und sie nicht antreffen, können wir uns bei niemand beschweren. Wir müssen andere nehmen. Deshalb halte ich es für sinnvoll, in meinem speziellen Pilzteil vom tatsächlich gefundenen Pilz auszugehen. Nehmen wir an, wir haben nur Stockschwämmchen heimgebracht – was können wir aus ihnen machen? Wie bereiten wir sie besonders schmackhaft zu, wie sollten wir sie nicht verwerten? In diesem Fall interessieren uns Pilzrezepte anderer Arten nicht. Also schlagen Sie beim Stockschwämmchen nach, probieren ein bevorzugtes Rezept oder beachten die weiteren Kochtips. So einfach ist das.

Sie können mit Pilzen praktisch alles machen und in völlig neue Geschmacksbereiche vorstoßen. Ob das nun Suppen, Saucen, Füllungen, Knödel, Aufläufe, Salate, Pilzpasten oder sauer eingelegte Pilze sind. Pilze lassen sich auch vorzüglich mit Gemüse, Fleisch, Fisch, Schnecken und Eiern kombinieren oder als extravagante Garnierung verwenden. Sie sind ein letzter Schliff für jeden Koch. Sammeln Sie auf Vorrat! Trocknen Sie Pilze nach einzelnen Arten, kochen Sie Essenzen und lassen Sie sich dabei von mir helfen!

Was bleibt von Ihren Pilzen übrig?

Alte, stark wäßrige, angefaulte oder von Maden zerfressene Pilze lassen Sie im Wald! Dagegen schadet Schneckenfraß den Pilzen nicht unbedingt. Auch nicht leichtes Eintrocknen ohne Fäulnisspuren. Unmittelbar nach einem starken Regen soll man nicht nach Pilzen suchen. Besonders Röhrlinge sind dann mit Wasser durchweicht, und die frische Brut ist noch nicht ausgereift.

Angenommen, Sie finden 3 kg gutaussehende Mischpilze und machen sich erst zu Hause mit dem Putzmesser über sie her. Rechnen Sie nach dem Putzen mit einer knappen Hälfte Abfall! Beim Kochen schwinden die gereinigten Pilze wieder etwa um die Hälfte. Ein Fund von 3 kg ergibt also bestenfalls 1 kg fertige Pilzspeise.

Pilze putzen

Das Putzen beginnt bereits beim Sammeln. Schleimige Pilzoberhaut sollen Sie bereits im Wald abziehen, um nicht das übrige Sammelgut unnötig zu beschmutzen. Pilze gehören der Länge nach halbiert. Die dabei sichtbar werdenden Madengänge entfernt man. Alles Zähe wird auch beim Kochen nicht mehr zart und muß ebenso wie weiche, leicht zersetzte Stellen des Pilzfleisches ausgeschieden werden. Zäh sind vor allem die Stiele der meisten Holzbewohner oder etwa vom Parasol und Nelkenschwindling, aber auch bisweilen die Hüte, wie beim Austernseitling. Man kann sie gut trocknen und später als Würze verwenden.

Schwere oder feuchte Pilze gruppiert man beim Sammeln auf dem Boden des Pilzkorbes, leichtere und zerbrechliche Arten schichtet man vorsichtig darüber. Hüte von Lamellenpilzen (etwa vom Parasol) legt man obenauf, mit den Lamellen nach unten, in den Korb. So nehmen sie weniger leicht Schmutzteilchen auf. Leicht abziehbare Huthaut löst man mit dem Messer vom Rande bis zur Mitte des Hutes. Schwammig-weiches Röhrenfutter macht Pilzgerichte schleimig. Bei Salaten hingegen sind nicht zu alte Röhren ein besonderer Leckerbissen, wenn sie mit der süßsauren Marinade vollgesogen sind und wir sie wie frische Austern hinunterschlucken. Beflockte Stiele, wie beim Birkenpilz oder bei der Rotkappe, werden abgeschabt. Man soll sich beim Pilzeputzen weder zu kleinlich noch zu verschwenderisch verhalten. Wo es mir notwendig erscheint, werde ich Ihnen bei der Besprechung der einzelnen Pilzarten auch Putzanleitungen geben.

Waschen und schneiden

Pilze pflege ich unter fließendem Wasser zu waschen. Wenn wir sie im Wasser schwimmen lassen, laugen wir sie aus, sie saugen sich voll wie Badeschwämme, und ein Teil der aromatischen Geschmacksstoffe geht verloren.

Nach der abgeschlossenen Reinigung schneiden wir die Pilze. Kleinere Pilze zerteilen wir der Länge nach. Es ist viel appetitanregender, wenn nach dem Kochen ihre Umrisse noch erkennbar sind. Aus diesem Grund lassen wir bei größeren Exemplaren etwa 2 cm des Stieles am Hut und schneiden den so gestutzten Pilz ebenfalls in der Längsrichtung auf. Breite Hüte werden im Durchmesser halbiert und feinblättrig zerkleinert. Aus langen Stielen machen wir dünne Scheibchen, quer zur Längsrichtung. In der Regel sollen Pilze gut zerkleinert werden, weil sie so leichter verdaulich sind.

Pilze mischen

Es bleibt der Phantasie und dem Geschmack des Kochs überlassen, gewisse Pilzarten miteinander zu kombinieren und die optimale Dosierung zu finden, wie bei der Kunst des Würzens.

Die nuancenreiche Vielfalt von Mischpilzen kann, richtig gewählt, jede Speise veredeln. Gute Mischpilzgerichte übertreffen geschmacklich auch das beste Einzelpilzgericht. Ich will hier keine Abhandlung über Pilzharmonielehre schreiben. Ich möchte eher Ihren schöpferischen Geist beflügeln. Sie und ich – wir sind jetzt ein unschlagbares Küchenteam in einem exklusiven Pilzrestaurant und werden miteinander viele neue Pilz-Sinfonien komponieren.

Hier noch ein Geheimtip: Sie zaubern ein unvergleichlich mild-würziges Waldaroma in Ihre Pilzspeisen, wenn Sie junge Pilze mit wenig Petersilie ganz fein hacken und roh über die einzelnen Portionen streuen. Ich nehme dazu kleine nussig schmeckende Täublinge, feste Steinpilze und Pfifferlinge, zarte Stockschwämmchenhüte oder nach Anis duftende Champignons. Auf gebratenen Fisch passen wunderbar feinst geriebene, frisch milchende Brätlinge mit Petersilie, einer Prise Knoblauch und einem Spritzer Zitronensaft.

Pilzküche auf Vorrat

In früherer Zeit, als es noch keine Gefriertruhe gab, mußten die Leute komplizierte Methoden ersinnen, um Pilze haltbar zu machen. Großteils war es üblich, die Pilze zu silieren* oder in Salz zu konservieren. Leider verloren sie dabei ihren eigenständigen Geschmack – sie wurden ausgelaugt und verfremdet. Viele alte Methoden sind heute überholt, und wir wollen sie nicht wie Ballast mitschleppen. Schließlich sind wir ja keine Mykomanen, die Pilze nur deshalb verzehren, weil es Pilze sind. Als Feinschmecker interessieren uns Pilze nur, wenn sie uns die Möglichkeit geben, wohlschmekkende Spezialitäten aus ihnen zu bereiten.

Pilze einfrieren

Das Einfrieren ist sicher die einfachste Methode, Pilze (mit Ausnahme von Pfifferlingen, die bitter werden) auf lange Sicht frisch zu erhalten. Festfleischige Sorten und alle Winterarten können Sie, gut gereinigt und grob zerteilt, roh oder in Salzwasser blanchiert**, wie die Sommerarten und weichfleischigen Pilze, in Plastikbeuteln einfrieren. Den Sud dicken Sie zu einer Essenz ein und verwenden ihn später wieder zum Teil als Aufwürzung für die blanchierten Pilze. Fertige Pilzgerichte, die man einfriert, verderben natürlich auch nicht, erleiden aber einen gewissen Qualitätsverlust. Nach allgemein gültigen Tabellen halten Pilze 10–12 Monate in der Tiefkühltruhe, nach meiner Erfahrung auch länger, wenn die Temperatur von –18°C niemals überschritten wird.

* Unter Silieren versteht man das Haltbarmachen von Pilzen durch Milchsäuregärung. Man vermischt dabei die blanchierten Pilze mit etwas Salz, Zucker und saurer Milch und läßt sie bei Zimmertemperatur in einem irdenen Gefäß gären (ähnlich der Sauerkrautbereitung).

** Blanchieren = kurze Zeit (2–3 Minuten) in kochendes Wasser tauchen und anschließend in Eiswasser abschrecken.

Zum Einfrieren ungeeignet sind Trompetenpfifferlinge und Semmelstoppelpilze.

Pilze in Essigwasser einlegen

Das Einlegen von Massenpilzen in Essigwasser ist meine bevorzugte Methode, Pilze haltbar zu machen. Die Zubereitung ist einfach und zeitsparend und hat überdies den Vorteil, daß wir dabei, als Nebenprodukt, die Grundlage für eine Pilzessenz gewinnen.
Sie geben die gewaschenen Pilze in ein entsprechend großes Gefäß mit kochendem Salzwasser. Das Wasser soll stark übersalzen sein (etwa 5 Eßlöffel Salz auf 1 l Wasser). Die Pilze gute 5 Minuten darin kochen lassen und dann durch ein Sieb spülen, den Sud eventuell zu einer Pilzessenz reduzieren (siehe folgender Absatz). In dem gut gewaschenen Gefäß frisches Wasser zustellen (etwa 5 Teile Wasser, ein Teil Essig, kein Salz, keine Gewürze) und die Pilze wieder etwa 5 Minuten darin kochen lassen. Die Pilze mit ihrem Sud in saubere, vorgewärmte Gläser (am besten mit Schraubverschluß) kochendheiß umfüllen (auf feuchtem Tuch, damit das Glas nicht springt), so daß der Sud mindestens zwei Finger breit über den Pilzen steht. Das Wasser soll auch nach dem Erkalten (ein Teil verdunstet) noch einen Finger breit die Pilze überdekken. Nach dem Erkalten gießt man wiederum einen Finger breit frisches Öl darüber, schraubt die Gläser zu und stellt sie an einen kühlen Ort. Sie halten jahrelang. Unter anderem sind sie auch ein willkommenes Mitbringsel bei Parties.
Später bereiten Sie die so eingelegten Pilze am besten als Salat mit Zwiebelringen zu, indem Sie die Flüssigkeit wegschütten, die Pilze lauwarm spülen und eine frische Marinade anrühren. Die Pilze erleiden auch nach Jahren keinen Qualitätsverlust. Geben Sie bei dieser Konservierungsmethode keine Gewürze, wie Lorbeer oder Senfkörner, dazu! Sie würden den feinen Pilzgeschmack überdecken.
Natürlich können Sie die Essigpilze auch für alle anderen Pilzgerichte verwenden, zu denen ein leicht säuerlicher Stich paßt, ähnlich wie silierte Pilze.

Pilzessenz

Die Pilzessenz erhalten wir durch die Weiterverwendung des beim Einlegen gewonnenen, gesalzenen Pilzsuds.
Den Pilzsud weiterkochen lassen, bis er, unter oftmaligem Umrühren, eindickt. Wenn Sie die stark salzige Reduktion in ein Schraubglas abgefüllt haben, können Sie dieses lange Zeit im Kühlschrank aufbewahren und haben immer eine feine Würze für Suppen, Saucen und anderes zur Hand.
Ich halte es für eine Verschwendung, wenn man edle Speisepilze ausschließlich zur Herstellung einer Pilzessenz verwendet, indem man sie vollkommen auskocht und nachher wegwirft. Diese Methode wird von einigen Pilzbüchern empfohlen.

Pilze einwecken

Das Einkochen ist etwas komplizierter und zeitraubender als andere Konservierungsarten. Wir verwenden nur junge, feste Pilze, kochen sie etwa 5 Minuten in wenig Salzwasser, spülen sie gut ab und geben sie mit frischem Wasser in die ganz sauberen Gläser. (Das Salzwasser zu Pilzessenz eindikken!) Die verschlossenen Gläser 2 Stunden im Wasserbad einwecken und zur Sicherheit nach einigen Tagen nochmals im leicht wallenden Wasserbad eine gute Stunde erhitzen.
Eingeweckte Pilze werden wie frische Pilze mit ihrem Sud zubereitet.

Pilze trocknen

Stark wasserhaltige Exemplare nehmen wir nicht. Wir reinigen die Pilze gut, ohne sie zu waschen, schneiden sie in großflächige, aber möglichst dünne Blätter, verteilen sie auf Serviertabletts, auf dem Backblech (eventuell mit Papierunterlage) oder legen sie auf Trockengitter (z. B. unbenütztes Fliegengitter), stellen sie in die Sonne oder über die Heizung und wenden sie ab und zu. Sollten Sie die Pilze im Backrohr trocknen wollen, muß die Türe offenbleiben und die niedrigste Temperaturstufe eingestellt werden, denn bei zu rascher und zu intensiver Erhitzung würden sie in ihrem eigenen Saft zu schmoren beginnen und verderben. Die

Pilze dürfen bei diesem Vorgang auf keinen Fall Wasser lassen und müssen am Schluß klirrtrocken sein und wie Glas zerbrechen. Am besten werden sie in Dosen oder Gläsern mit gut schließendem Deckel an einem trockenen Ort aufbewahrt, um keine Feuchtigkeit anzuziehen.
Am wenigsten Platz nehmen Pilze in Form von Pilzpulver ein. Zum Pulverisieren verwende ich eine alte Kaffeemühle, die ausschließlich dem Zerkleinern von Pilzen dient, oder einen großen Messingmörser, der ja nicht nur als Zierde auf dem Schrank stehen soll.

Die gut sortierte Pilzküche

Um eine wirklich reich sortierte Vorratsküche einzurichten, brauchen wir Jahre. Denn nicht jeder Sommer hält das, was wir von ihm erwarten. Und leider haben wir ja alle gewisse Verpflichtungen, die es uns nicht immer erlauben, in den Wald zu laufen. Natürlich können wir von Jahr zu Jahr unsere Vorräte auffrischen und neue anlegen. Pilzpulver hält, richtig gelagert, unbegrenzt. In Essigwasser eingelegte oder eingemachte Pilze kann man über einige Jahre aufheben, und bei tiefgefrorenen Pilzen müssen wir auch nicht bangen, daß sie gleich schlecht werden. Sie halten bis zur nächsten Saison.
Für eine perfekte Pilzküche benötigen wir geeignete Vorräte. Wir sollten immer über mehrere Gläser mit verschiedenartigem, sortenreinem Pilzpulver verfügen können und über einige Behälter mit Trockenpilzen. Die einzelnen Pilzessenzen werden beschriftet: Monat und Jahr der Zubereitung, Sorte und eine Anmerkung über sehr starken oder weniger starken Salzgehalt. Ebenso die Gläser mit den eingeweckten oder in Essigwasser eingelegten Pilzen sowie die Tiefkühlware mit dem zusätzlichen Hinweis »roh« oder »blanchiert«.
So eingerichtet können wir jeden Feinschmecker in Entzücken versetzen, Profi-Köche vor Neid erblassen lassen, viele Speisen auf einzigartige Weise veredeln und frischen Pilzgerichten den letzten Pfiff verleihen.

Meine Rezepte sind, wenn nicht anders angeführt, jeweils für 4 Personen berechnet.

Hart im Nehmen: Die Winter-Pilze

In den Wintermonaten, selbst nach Frosttagen, können wir bei einem Waldspaziergang manche Überraschung erleben. Wir stolpern über morsche Nadelhölzer und entdecken dabei Büschel von Graublättrigen Schwefelköpfen. Wir bücken uns, um sie zu kosten, weil sie so schön und jung aussehen, und merken dabei, daß sie steifgefroren sind. Überraschenderweise macht ihnen aber der Frost nichts aus. Hart brechen wir sie vom Holz und freuen uns auf ein frisches Pilzgericht im Winter.

Winterpilze sind wirklich hart im Nehmen, was Entbehrungen und Frost betrifft, und haben mehr Charakter als die mildaromatischen Sommerarten. Für manche Leute zu viel Charakter. Daher empfiehlt es sich für einen zart besaiteten Gaumen, alle Winterpilze kurz zu überbrühen und ihren Sud nicht für das jeweilige Gericht zu verwenden. Ich überlasse das ganz Ihnen, probieren Sie es auf beide Arten. Natürlich können Sie den Sud wieder zu einer Essenz eindicken. Sparsam verwendet, ergibt sie eine interessante Würznote. Ich besitze von den meisten Speisepilzen ein mehr oder weniger großes Gläschen Pilzessenz und versuche immer wieder neue Varianten, um meine kulinarische Phantasie zu befriedigen.

Eine Faustregel beim Sammeln von Winterpilzen: Kosten Sie alle Arten, die Sie finden, an Ort und Stelle! Falls sie bitter schmecken oder sonstwie unangenehm, lassen Sie sie lieber stehen, sie sind ungenießbar. Giftige Arten finden Sie im Winter nicht, außer dem leicht giftigen, ebenfalls bitteren *Grünblättrigen Schwefelkopf* (Hypholoma fasciculare). Alle Winterarten, die angenehm schmecken, sind eine Bereicherung Ihres Speisezettels.

Der Schneepilz

Tricholoma portentosum –
Grauer Ritterling, Rußkopf

Der Schneepilz kann uns bereits in den späten Herbsttagen überraschen, wenn wir auf einer Wiese lagern, um die letzten Sonnenstrahlen zu genießen. Wir betrachten müßig kleine Käfer und Ameisen, die durch das Herbstlaub und zwischen dürren Grashalmen hindurchkrabbeln, und plötzlich entdecken wir, ganz unvorbereitet, den Rußkopf, gut getarnt und ebenso grau wie die fauligen Blätter, unter denen er sich versteckt. Er wirkt ein wenig heruntergekommen, ist unansehnlich, ziemlich verschmutzt und will wie alle Pilze seines Schlags möglichst wenig auffallen. Obwohl er roh ein bißchen muffig riecht, entwickelt er in der Pfanne, mit Speck und Zwiebeln geröstet, ein gutes, kräftiges Aroma und paßt vorzüglich zu Wildgerichten und gebratenem Truthahn. Sobald wir unser Auge auf ihn eingestellt haben, entdecken wir in nächster Umgebung immer wieder neue Gruppen seiner Unterweltkomplizen.

Ich schätze den Schneepilz vor allem als Massenpilz, der mir in kürzester Zeit sämtliche Gläser füllt, die mir später meine Bekannten nach und nach abjagen.

Schneepilzsalat »Luce«

1 kg Schneepilze, Essig, Salz

Die Schneepilze verwendet man als ganze. Man schneidet nur den unteren Teil des Stieles ab. Die Haut des Hutes muß man nicht abziehen, obwohl dies einige Pilzbücher behaupten. Schneepilze sind immer gut zu waschen, sie können dabei im Wasser liegen. Nach der Reinigung gibt man sie in einen Topf mit kochendem Wasser, das gut mit Salz und Essig abgeschmeckt wurde, und läßt sie 5 bis 10 Minuten kochen. Die Pilze durch ein Sieb spülen und abtropfen lassen.

Die Marinade
Für 1 kg Pilze rechnet man 1/2 Liter Flüssigkeit: ein schwaches Viertel Essig, drei Viertel Wasser. Dazu drei bis vier Teelöffel Zukker, 2 zerdrückte Knoblauchzehen (oder granulierter Knoblauch), Pfeffer, Salz, Öl und eine mittelgroße Zwiebel, feinblättrig dazugemischt. Es empfiehlt sich, den Salat in der Marinade einen halben Tag ziehen zu lassen, bevor man ihn serviert.

Schneepilze gebraten

500 g Schneepilze
Räucherspeck
2 Zwiebeln, Pfeffer, Salz

Der Geschmack von Schneepilzen und den meisten Winterarten wird durch Zwiebeln und Speck harmonisch ergänzt. Sie braten den gewürfelten Speck an und geben die grob geschnittenen Zwiebeln dazu. Nach kurzem Anschwitzen die ungeschnittenen Schneepilze mitrösten und würzen.

Weitere Kochtips: Schneepilze sind für alle Pilzgerichte, besonders für Sülzen, geeignet. Gute Mischpilze.

Das Stockschwämmchen

Kuehneromyces mutabilis – Stockschüppling

Stockschwämmchen wachsen ebenfalls in Büscheln auf Holz, haben ein besonders kräftiges Aroma und können, wie alle Winterpilze, unblanchiert eingefroren und aufbewahrt werden. Schon einige Hütchen machen jedes Pilzgericht noch schmackhafter. Wie die meisten dünnfleischigen Winterarten sind sie für Suppen besonders geeignet, für Salate und zum Braten weniger. Die Stiele ergeben ein sehr würziges Pilzpulver.

Thüringer Stockschwämmchensuppe

100 g Speck
2–3 Zwiebeln
500 g Stockschwämmchenhüte
Pfeffer, Salz
Butter, Mehl
1 Liter Rindsuppe
Petersilie

Den gewürfelten Speck glasig werden lassen, die gehackten Zwiebeln zart mitrösten und dann die Hütchen 5–10 Minuten mitdünsten und würzen. Eine braune Mehlschwitze bereiten, mit der Rindsuppe aufgießen und die Pilze kurz mitkochen. Beim Servieren etwas feingehackte Petersilie über die Suppe streuen.

Weitere Kochtips: Stockschwämmchen bieten sich besonders für die Veredelung von Bratensaucen und zum Aufbessern von Hackfleisch an und sind getrocknet oder als Essenz hocharomatisch.

Austernseitlinge/Kalbfleischpilze
mit Lammrücken, S. 20 ▷

Der Austernseitling

Pleurotus ostreatus – Kalbfleischpilz

Den dickfleischigen, meist bläulich schimmernden Austernseitling finden wir während des ganzen Winters bis zum ersten Frühjahr auf Laubhölzern. Der gezüchtete Pilz ist ganzjährig auf Märkten und in Supermärkten zu erhalten. Man verwendet nur die jungen Hüte, bei älteren Hüten nur die weichen Ränder. Im folgenden Rezept lernen Sie seinen feinen Geschmack am besten kennen:

Kalbfleischpilz mit Schalottenbutter

Junge Austernseitlingshüte
Öl oder Margarine
gesalzene Butter, mit ein wenig feinst gehackten Schalotten oder Zwiebeln vermengt
Pfeffer

Die Hüte kurz in Fett auf beiden Seiten anbraten, das Fett abgießen, die gewürzte Butter über die Pilze verteilen und kurz aufschäumen lassen.
Die Austernseitlinge mit Kopfsalat und Bratkartoffeln oder mit Lammrücken, gewürzt mit Kräutern der Provence (siehe Abb.), servieren.

Ein befreundeter Amerikaner hat mir folgendes Rezept verraten:

Rumpsteaks mit Austernseitlingen

4 Rumpsteaks
Öl, Cayennepfeffer, Salz
500 g Austernseitlinge
Dosenbirnen, Butter, Mandelscheibchen

Die mit Salz und Cayennepfeffer gewürzten Steaks scharf anbraten und warmstellen. Im Bratfett die zerkleinerten, gesalzenen Austernseitlinge zart anrösten, die zerteilten Birnen mit etwas Saft mitschmoren, daneben Mandelscheibchen in Butter bräunen, die Austernseitlinge mit den Früchten über die Steaks verteilen und die Mandelscheibchen darüberhäufen. Auch mit anderen Früchten ist das eine Köstlichkeit!

Kaninchengulasch mit Austernpilzen

Das ausgelöste Fleisch eines Kaninchens
2 Zwiebeln, Pfeffer, Paprika, Salz
1/2 l Rindsuppe (evtl. mit Pilzpulver veredelt)
750 g Austernseitlinge
1/8 l saure Sahne (Schmetten)
1 Eßlöffel Mehl, Butter

Das in kleine Stücke geschnittene Fleisch anbraten, die gehackten Zwiebeln mitrösten, würzen, mit etwas Suppe ablöschen und langsam schmoren, indem man immer wieder etwas von der Suppe zufügt. Die grob zerteilten Austernseitlinge am Schluß etwa 20 Minuten mitschmoren lassen. Das im Rahm verquirlte Mehl kurz mitkochen. Das Gericht mit etwas Butter verfeinern.

Weitere Kochtips: Aus etwas älteren, zähen Exemplaren können Sie noch eine gute Brühe kochen. Junge Pilze sind geschmort eine Delikatesse! Ein Hauch Knoblauch und gehackte Petersilie ergeben die Würze.

Salat mit Sprossen und Pilzen

50 g Sonnenblumenkerne (zum Keimen)
ca. 500 g Blattsalate, bunt gemischt
1 kleiner Löwenzahnsalat (200 g)
30 g Brunnen- oder Gartenkresse
300 g Austernpilze
1 kleine Zwiebel oder Schalotte
1–2 Knoblauchzehen
3 Eßlöffel Pflanzenöl
Salz, Pfeffer
50 g geröstete Sonnenblumenkerne

Für das Dressing:

2 Eßlöffel flüssiger Honig
4 Eßlöffel Apfelessig
2 Eßlöffel Soja-Sauce
8 Eßlöffel Sonnenblumenöl

Die Sonnenblumenkerne 3 Tage keimen lassen. Die Keimlinge kalt abspülen und abtropfen lassen. Die Salate putzen, kurz kalt abbrausen, abtropfen lassen und in mundgerechte Stücke zupfen. Die Austernpilze putzen und je nach Größe halbieren oder vierteln, dicke Strünke wegschneiden. Die Zwiebel und den Knoblauch feinhacken. Das Öl in einer großen Pfanne erhitzen und die Pilze kräftig darin anbraten. Die Hitze reduzieren. Zwiebel und Knoblauch hinzufügen und unter Wenden einige Minuten braten, salzen und pfeffern. Das Pilzgemüse lauwarm abkühlen lassen.
Für das Dressing alle angegebenen Zutaten gut miteinander vermischen.
Die Sonnenblumenkerne in einer Pfanne ohne Fett rösten. Die Salate mit den Sprossen mischen, im Dressing wenden und auf Tellern mit den Pilzen anrichten. Das restliche Dressing darüberträufeln. Zum Schluß die Sonnenblumenkerne darüberstreuen.

Frostschneckling

Hygrophorus hypotheius

Hauptsächlich in Kiefernwäldern ist der zartfleischige Frostschneckling bis zum Jahreswechsel anzutreffen. Sein schleimiger Hut muß gut gewaschen werden. Das geht am leichtesten, wenn man seinen Hut kurz in kochendes Wasser taucht.

Frostschnecklingssuppe à la Crème

1 Zwiebel, Butter
500 g Frostschnecklinge
250 g Blumenkohl, Salz
1/4 Liter saure Sahne
2 Eßlöffel Mehl
3/4 Liter Kalbsknochensuppe
Pfeffer, Muskat

Die kleingehackte Zwiebel kurz anschwitzen und mit den Frostschnecklingen dünsten. Den vorgekochten Blumenkohl mit den gedünsteten Pilzen fein pürieren, salzen und kurz aufkochen lassen. Das in der Sahne verquirlte Mehl dazugeben, mit der Suppe aufgießen und weiterkochen, bis alles richtig cremig ist, und mit den Gewürzen zart abschmecken. Die fertige Suppe mit einem Stück Butter verfeinern.

Weitere Kochtips: Außer für Suppen ist der Frostschneckling auch zum Mitdünsten mit englischen Gemüsen eine feine Ergänzung.

Schnecken und Morcheln

Sie werden fragen: Was haben Morcheln mit Weinbergschnecken zu tun? Ich will Ihnen das erklären. Im April, wenn die ersten lauen Regengüsse niedergegangen sind, beginnen in den Auwäldern die Morcheln zu sprießen. Die Auen begrünen sich mit frischem Unkraut, wie Brennesseln und Bärlauch, die Schnecken erwachen aus ihrem Winterschlaf und finden zartes Futter zum Frühstück vor. Ein Signal, das bei mir den ersten Pilz- bzw. Schneckenkoller im Jahr auslöst. Wissen Sie, wie königlich sich der Geschmack von Pilzen mit dem der Schnecken ergänzt? In der gesamten Kochliteratur findet man diesbezüglich kaum einen Hinweis.

Was ist näherliegend, als das Sammeln von Morcheln und Schnecken zu kombinieren, wo sie doch nebeneinander zu finden sind? Für die Morcheln verwende ich eine Korbtasche, für die Schnecken ganz gewöhnliche Plastiksäckchen, die man nachher wegwirft. Sollten Sie ein Vorurteil gegenüber dem Verspeisen von Schnecken haben, gebe ich Ihnen erst recht den Rat, die Schnecken einmal selbst nach meiner Art zuzubereiten. Die beste Möglichkeit, das Vorurteil abzubauen!

Die Weinbergschnecke finden wir ja nur noch kurz nach einem Regenguß in den Auen oder am Rand von Gebüschen und Naturwegen, aber nicht mehr in den Weinbergen, wo sie durch die modernen Spritzmittel vollkommen ausgerottet wurde. Zunächst möchte ich Sie mit meiner Schneckenpraxis bekannt machen. Eines ist gewiß: Wenn Sie unmittelbar nach einem Gewitter die Au durchstöbern, werden Sie Schnecken in großer Zahl vorfinden, Morcheln aber nur, wenn Sie Glück haben. Vielleicht erst acht oder vierzehn Tage später, denn Morcheln halten die Verabredung nicht gerne ein. Sie sind unverläßlich wie alle Pilze und launisch wie schöne Frauen. So kommen Sie also von Ihrem Morchelausflug mit ein paar hundert Schnecken nach Hause, aber ohne Morcheln. Schnecken kann man ohne weiteres zwei bis drei Wochen hungern lassen, ohne bei der Schneckenrechtskommission in Genf angeklagt zu werden. Man kann sie aber ebensogut mit vollem Magen verwenden. Bei mir spielt sich immer alles in größeren Mengen ab. Einmal im Jahr, beim Schneckenfest, werden von mir und meinen Freunden 1500 bis 3000 Schnecken präpariert. Eine äußerst aufwendige Arbeit! Sobald also die ersten hundert Schnecken in der »Schneckenkiste« vor meinem Fenster Gruppensex betreiben, weiß ich: in zwei bis drei Wochen wird das große Fest steigen. In der Zwischenzeit nütze ich jeden Regen zum Schneckensammeln und komme so jedes Mal auf die erwähnte Summe.

Eine Schneckenkiste oder -truhe soll an einem kühlen Ort mit Luftlöchern versehen und fest verschlossen werden. Denn ein Schneckenteam entwickelt ungeahnte Kräfte und ist imstande, den schwersten Deckel mit einem ganz langsamen »Ho-Ruck« aufzuheben. Welch eine unliebsame Überraschung, wenn Sie eines Tages eine leere Truhe, dafür aber ein Zimmer voller Schnecken vorfinden! Es ist sehr anstrengend, tausend Schnecken von den Wänden, der Decke und den Möbeln zu klauben.

Nach etwa zwei Wochen ist es also soweit. Ich stelle große Kessel, halb mit Wasser gefüllt, auf den Herd. Dann hole ich die Schnecken eimerweise aus der Kiste, untersuche aber jede einzelne, ob sie lebendig ist. Eine Eiweißvergiftung wäre sehr schlimm. Schnecken haben fünfmal soviel Eiweißgehalt wie das beste Rindfleisch und wurden schon von Napoleons Soldaten als eiserne Ration im Tornister mitgeschleppt. Ich leere die Eimer in meine Badewanne und dusche dort die Schnecken mit lauwarmem Wasser. Sauber und appetitlich werden die Schnekken zurück in den gereinigten Kübel gege-

◁ Salat mit Sprossen und Pilzen, Seite 21

ben und schließlich in das kochende Wasser geworfen. Alle sind auf der Stelle tot, wenn Sie die oberen sofort mit einem Kochlöffel nach unten drücken und umrühren. Schon nach ein paar Minuten gieße ich die Schnekken in mein Spülbecken. Dadurch haben etwaige Kotreste im Darm nicht die Möglichkeit, den Geschmack des Fleisches zu beeinflussen. Dazu möchte ich aber feststellen, daß Schneckenkot im Gegensatz zu anderen tierischen Exkrementen völlig geruchlos ist. Ihre Verwandten, die Muscheln und Austern, ißt man ja samt Darminhalt.

Bei großen Schneckenmengen wiederholt sich der Vorgang mehrmals. Nun beginnt ein neuer Arbeitsvorgang: Sie spülen die Schnecken mit kaltem Wasser, nehmen sie einzeln in die linke Hand und ziehen mit einer kleinen Gabel das ganze Tier aus dem Gehäuse. Betrachten Sie Ihre erste Schnecke genau! Das, was sich spiralig einrollt, ist der Darm, der im Innersten des Häuschens sitzt. Sie lösen also den Darm vom »Schneckenfuß« und werfen ihn mit dem Häuschen weg. Sie werden das bald beherrschen. Die schönsten Häuschen können Sie sorgfältig reinigen und mit Speisesoda oder Salz auskochen, um sie später nach den herkömmlichen Schneckenrezepten zu verwenden.

Nun kommen wir zur eigentlichen Feinreinigung. Das Schneckenfleisch wird gut gespült, die Darmreste werden fortgeschwemmt. Nachdem das Wasser abgeronnen ist, überstreut man das Fleisch mit grobem Salz (grobes Salz bekommen Sie bei Ihrem Fleischer). Die Schnecken werden mit dem Salz gut abgerieben und geknetet. Meine Freunde nennen diesen Vorgang »Schamponieren«, weil sich appetitlich weißer, fester Schaum bildet wie bei der Haarwäsche. Wenn die Hände lahm zu werden drohen, spült man die Schnecken wieder gründlich ab, um sie neuerlich zu salzen. Diesen langen Vorgang wiederholt man zweimal und spült am Schluß besonders gut, damit nicht das Salz in den Schnecken bleibt.

Inzwischen kochen Sie entsprechende Mengen Suppengrün in gewässertem, leicht gesalzenen Weißwein mit ein paar Pfefferkörnern, Knoblauch und nicht zu vielen Zwiebeln, um eine kräftige Gemüsebrühe zu bekommen. Da die Schnecken in einem normalen Gefäß vier volle Stunden kochen müßten, ist es ratsam, einen Dampfdrucktopf zu verwenden und, je nach Marke, die übliche Kochzeit der des Drucktopfs anzupassen. Ich fülle meinen Kochtopf, in den ich vorher den Bodeneinsatz gegeben habe, zu drei Vierteln mit Schnecken, gieße halb mit Gemüsesud und halb mit Weißwein auf, bis die Schnecken bedeckt sind, und lasse sie, nachdem sich das Ventil zu heben begonnen hat (bzw. bei Erscheinen des ersten Ringes), zwei Stunden bei kleiner Flamme kochen.

Beim ersten Mal wird Ihnen die ganze Geschichte ein wenig abenteuerlich vorkommen, weil Ihr Drucktopf bisweilen ungewöhnlich zu zischen beginnt und dabei Schneckenbrühe durch das Sicherheitsventil abläßt. Einmal habe ich meinen Kochtopf bis oben mit Schnecken vollgefüllt – tun Sie das nicht! Plötzlich sauste das Ventil wie ein Geschoß zur Decke, und eine Fontäne spritzte in meinen Deckenlüster und die übrigen Lampen, die Glühbirnen explodierten mit lautem Knall, Kurzschluß im ganzen Haus, unheimlich!

Wenn Sie aber meinem Rat folgen, passiert nichts Unangenehmes, im Gegenteil: ein unvergleichlicher Schneckenduft breitet sich aus und erfüllt die Räume. Der Duft animiert ganz besonders zum Rotweintrinken und läßt die mühevolle Arbeit vergessen.

Die fertig gekochten Schnecken lasse ich abkühlen und fülle sie dann zu etwa achtzig Stück in kleine Plastikbeutel. So wandern schließlich dreißig Säckchen in meine Tiefkühltruhe – ein beruhigender Vorrat!

Morcheln
Die Speise-, die Spitz- und die Häubchenmorchel

Ich muß in Morchelkreisen sehr beliebt sein, sonst würden sie nicht vor meiner Hintertüre wachsen. Sogar alle drei Arten, die es sich zu finden lohnt: Die *Speisemorchel (Morchella esculenta)*, die *Hohe oder Spitzmorchel (Morchella elata)* und die *Häubchen- oder Käppchenmorchel (Morchella rimosipes)*.

Können Sie sich das Glücksgefühl vorstellen, wenn man die erste vor der Haustür findet und kurz darauf 20 bis 30 Stück auf dem Tisch liegen hat? Es werden von Jahr zu Jahr mehr, seit ich alle meine Morchelabfälle draußen verstreue. Dieser Fund löst eine Leidenschaft in mir aus: Nicht nur, daß ich wie ein Besessener die Auen durchkämme, nein, ich steige wie ein Einschleichdieb in fremde Gärten ein, durchstöbere alte Parks und bringe an Morcheln heim, was ich finden kann.

Daß Morcheln eine ganz besondere Delikatesse darstellen, muß ich Ihnen wohl nicht erklären. Ihre wächsernen Fruchtkörper sind innen vollkommen hohl, was mich veranlaßt hat, auch mit Füllungen zu experimentieren, sogar mit einer Schneckenfüllung.

Morcheln in Bierteig

500 g Morcheln, Salz
2 Eier, Mehl
1 Glas Bier, Öl

Die gut gereinigten Morcheln salzen. Aus Eiern, Mehl, Salz und Bier einen Teig rühren, die Morcheln darin wenden und in viel Öl herausbacken.

Morcheln mit feinen Kräutern

1 kg Morcheln
Butter
Zitronensaft
Pfeffer, Salz
Schalotten
Petersilie

Die Morcheln in der Butter dünsten, Salz, Pfeffer und ganz wenig Zitronensaft dazugeben und erst wegstellen, wenn kein Saft mehr vorhanden ist. In einer neuen Pfanne frische Butter zergehen lassen, 1 bis 2 feingewürfelte Schalotten, feingehackte Petersilie und die Morcheln dazugeben, mischen und mit der halbheißen Butter auf stark vorgewärmten Tellern servieren.

Morcheln auf Sevillaner Art

100 g roher, kleingewürfelter Schinken
Butter
1 kg Morcheln
Pfeffer, Salz
1 Glas trockener Sherry
1/4 l süße Sahne

Den Schinken in Butter anrösten, die grob zerkleinerten Morcheln mitdünsten und würzen. Mit Sherry aufgießen, leicht einkochen lassen und langsam Sahne dazugeben, bis es bindet.

Morcheln nostalgisch

Wie weit muß Nostalgie zurückreichen? Bei Morcheln nur einige Stunden. Um mir nämlich noch einmal mein Morchelsammeln in der Au zu vergegenwärtigen. Als eine Fasanhenne hysterisch aufflog, um mich von ihren bebrüteten Eiern wegzulocken, nur weil ich sehr vorsichtig einen siamesischen Morchelvierling zwischen Bärlauchblättern herausdrehte. Ganz junge, frische Brennessel- und Lauchblätter nahm ich gleich mit. Eier, Blätter und Morcheln gaben mir folgendes Rezept ein:

1 Zwiebel, Butter
500 g Morcheln
Pfeffer, Salz
zwei Eier
genügend junge Brennessel- u. Bärlauchblätter
Muskat, Butter, Salz

Die feingehackte Zwiebel leicht in Butter anschwitzen, die gut gewaschenen, feingeschnittenen Morcheln mitrösten, würzen und mit den Eiern vermengen. Vorher die Brennesselblätter 2 Minuten in schwach kochendes, gesalzenes, mit geriebener Muskatnuß versehenes Wasser legen und schließlich die Lauchblätter eine Minute mitkochen. Diesen »englischen Auspinat« gut abtropfen lassen, braune Butter bereiten und darübergießen.
Der Auspinat paßt wunderbar zu den gerösteten Morcheln. Dazu ißt man Weißbrot mit Butter.

Tip für Städter: In den Feinkostabteilungen der Kaufhäuser, auf Wochenmärkten und beim »Italiener/Griechen/Türken um die Ecke« bekommt man frischen Schnittknoblauch, der im Geschmack dem Bärlauch ähnelt. Dazu können Sie frische Löwenzahnblätter kombinieren.

Morcheln, gefüllt mit Huhn und Schinken

Verwenden Sie nur frische, größere Morcheln, aus denen Sie keine rostbraunen Stellen herausschneiden müssen. Die Morcheln besonders sorgfältig reinigen, weil sie ganz bleiben sollen: durch das Fußende Fließwasser einströmen lassen! Sie können die verschiedensten, nicht zu stark vorschmekkenden Füllungen bereiten, wie Hackfleischmasse, Bratwürstelfülle oder die Fülle, die Sie sonst in Paprikaschoten geben. Die gefüllten Morcheln lasse ich immer im Bratensaft von hellen Fleischsorten schwimmen.

1 Brathuhn
Salz, Pfeffer, Brühe
750 g Morcheln, Salzwasser
250 g gekochter Schinken
Bratensaft vom Huhn

Sie braten das zart gewürzte Brathuhn nicht zu braun mit ziemlich viel Flüssigkeit im Backrohr. Inzwischen blanchieren Sie die ganzen Morcheln 2 Minuten in leicht gesalzenem Wasser. Das Huhn auslösen und das Fleisch feinwürfelig schneiden, ebenso den Schinken, und vorsichtig durch das Fußende in die abgetropften Pilze füllen. Die gefüllten Morcheln in den Bratensaft geben, so daß sie zur Hälfte bedeckt sind, und 5 bis 10 Minuten im Rohr gratinieren. Wenn Sie wollen, können Sie vorher ein wenig Parmesan darüberstreuen. Der feine Geschmack der Morcheln kommt aber ohne Parmesan besser zur Geltung. Dazu reichen Sie Reis und grünen Salat.

Morcheln nostalgisch ▷

Morcheln, mit Schnecken gefüllt

12 Morcheln
36 Schnecken
Schneckenbutter, Bratensaft

Die ganzen Morcheln wie auf Seite 26 beschrieben vorbereiten. Die vorbereiteten Schnecken gut spülen, eine halbe Stunde wässern und abtropfen lassen. Jede Morchel mit etwa drei Schnecken und der schaumigen Butter füllen. In eine Pfanne mit nicht zu stark gesalzenem Bratensaft legen und im Backrohr 5–10 Minuten gratinieren.

Weitere Kochtips: Ich kenne Leute, die verwenden Morcheln nur in getrocknetem Zustand. Es stimmt – sie entwickeln getrocknet ein aufregend feines Aroma. Denselben Effekt erzielt aber auch das Pulver von Totentrompeten, die sich frisch nicht so vielseitig wie Morcheln zubereiten lassen. Frische Morcheln sind mir zu schade zum Trocknen. Da müßte eine großangelegte Morchelinvasion stattfinden!

Morcheln in Blätterteigpasteten

500 g zartes Kalbfleisch, Salz
500 g Morcheln
Butter, Mehl
1/8 l Sahne
2 Eigelb
4 Blätterteigpasteten

Das gesalzene Kalbfleisch im Backrohr zart braten. Dann das Fleisch in kleine Würfel schneiden. Die grob geschnittenen Morcheln 10 Minuten alleine im Bratensaft dünsten. In einer Pfanne aus Butter und Mehl eine helle Schwitze machen, mit dem Bratensaft aufgießen, Fleisch und Morcheln einige Minuten mitdünsten und mit dem in der Sahne verquirlten Eigelb legieren. Damit die Pasteten füllen und im heißen Backrohr etwa 5 Minuten überbacken.

Köstliche Suppenpilze – die Tintlinge
Der Schopftintling

Coprinus comatus – Spargelpilz

Es ist unglaublich: die zartfleischigen Pilze wachsen oft auf unfruchtbaren, steinigen Wegen und Schutthalden. Ein Wunder, wie sie da in Scharen gedeihen können. Wir finden sie im Frühjahr auch auf Wiesen, in Parks und Auen. Im späteren Herbst kommen sie wieder. Tintlinge sind die leichtest verderblichen Pilze, die ich kenne. Nehmen Sie nur geschlossene, weißfleischige Exemplare, die Stiele können Sie, falls sie noch rein weiß sind, auch von bereits tintigen Pilzen verwenden, denn sie sind das beste. Die feinsten Pilzsuppen sind mir aus Tintlingen gelungen. Sollten sich die Hüte der frischen Pilze während des Transports leicht dunkel verfärbt haben, schneiden Sie vom Hutrand so viel weg, daß wieder nur ein weißer Pilz überbleibt, und verwenden Sie ihn sofort.

Schopftintlingssuppe

1 Zwiebel
Butter
500 g Schopftintlinge
2 Rindsuppenwürfel
Mehl, 1/8 l saure Sahne
gehackte Petersilie

Die fein gewürfelte Zwiebel in der Butter anschwitzen, die geschnittenen Pilze mitdünsten, mit Wasser auffüllen, die Suppenwürfel zugeben. Eine helle Schwitze bereiten und mit den Pilzen in der Rindsuppe einige Minuten kochen. Mit Sahne verfeinern und schließlich mit Petersilie bestreuen.
Ganz besonders apart und appetitlich wirken die weißen, hohlen Stückchen der Pilzstiele, ebenso in folgendem Rezept:

Schopftintlinge mit Mischgemüse

500 g Schopftintlinge
1 Packung tiefgefrorenes Mischgemüse
Salz, Peffer, Butter

Die geschnittenen Tintlinge mit dem tiefgefrorenen, gesalzenen und leicht gepfefferten Mischgemüse mitkochen, den Saft abgießen und für eine Suppe aufheben. Gut in Butter schwenken.

Weitere Kochtips: Schopftintlinge, vor allem die Stiele, ergeben getrocknet ein besonders feines Pilzpulver, das für helle Saucen und helle Fleischsorten sehr geeignet ist. Auch gut als Salatpilze.

Hurra – der Mai ist da!

Mit dem Mai beginnt, vorerst noch sehr schleppend, die große Zeit der Sommerpilze. Ich weiß nicht, was ich mir mehr wünsche: einen sonnigen, trockenen Sommer, um oft baden gehen zu können, oder einen feuchten, tropischen Sommer, um viele Pilze zu finden.

Der Mairasling

Calocybe georgii, Maipilz oder Mairitterling

Der Rasling ist sehr standorttreu. Ich habe meine Plätze an sonnigen, unkrautbewachsenen, feuchten Südhängen, aber auch in Auen und im Gebirge. Der Geschmack des festfleischigen Maipilzes ist extravagant und wird nicht von jedermann geschätzt. Er riecht nach Mehl und rohen Gurken. Sollten Sie ihn zu einer Pilzsauce verarbeiten, gießen Sie besser sein erstes Kochwasser weg.

Mairaslinge in Sahnesauce

500 g Mairaslinge, Salzwasser
4 Teelöffel helles Pilzpulver (eventuell von Schopftintlingen oder Nelkenschwindlingen)
Pfeffer, Salz, Mehl, Butter
1/8 l süße Sahne
Zitronensaft
gewürfelte Weißbrotscheiben
Butter

Die Mairaslinge als ganze Pilze 5 Minuten in Salzwasser kochen und das Kochwasser eventuell für eine Suppe verwenden. Inzwischen das vorher eingeweichte Pilzpulver in wenig Wasser etwa 20 Minuten kochen. Die Maipilze dünn aufschneiden und die letzten 5 Minuten mit den Gewürzen mitkochen lassen. Eine helle Schwitze bereiten und mit der Brühe und den Pilzen glattrühren. Aufkochen lassen, die Sahne dazurühren, mit Zitrone abschmecken und die in Butter gerösteten Weißbrotwürfel dazugeben.

Der Maipilz ist besonders gut mit Käse zu verarbeiten:

Maipilz-Käse-Salat

500 g Maipilze, Salz
einige Scheiben Emmentaler Käse
2 Eßlöffel Margarine
2 Eßlöffel Yoghurt
4 Eßlöffel Zitronensaft
Zucker nach Geschmack

Die Maipilze 5–10 Minuten in Salzwasser kochen, abtropfen lassen und fein mit dem Käse aufschneiden. Aus den übrigen Zutaten eine Sauce rühren, mit dem Käse und den Pilzen vermengen und einige Zeit im Kühlschrank ziehen lassen.

Weitere Kochtips: Das Besondere am Maipilz ist sein festes und doch zartes, weißes Fleisch. Er eignet sich am besten für helle Rahmsaucen und kann, nachdem man ihn blanchiert hat, für alle Champignongerichte verwendet werden. Gut für Spargel- und Mischgemüse und Salate.
Gleichzeitig mit dem Maipilz tauchen oft an feuchten Südhängen die ersten Täublinge und Dachpilze auf. Sonst tut sich nicht viel, bis die Champignons auf den Plan treten.

◁ Gratinierte Champignonhüte, Seite 36

Die Champignons

Wissenschaftler könnten uns fast den Appetit verderben, wenn sie alleine die Champignons unserer Breiten mit fünfzig verschiedenen lateinischen Namen benennen. Sie schmecken alle ähnlich fein und ergeben in jeder Zubereitung ein edles Pilzgericht. Meiden Sie nur die ohnehin sehr seltenen, nach Karbol riechenden Arten, deren Stielbasis im Anschnitt gelb anläuft, wie etwa beim *Karbolegerling* (Agaricus xanthodermus).
Die eßbaren Champignons haben alle einen mehr oder weniger starken Anisduft. Die Farbtönung ihrer Lamellen reicht von cremefarben, graurosa, rosa, graurötlich bis dunkelbraun. Also keine Angst vor der tödlichen Verwechslung mit jungen Knollenblätterpilzen, deren Lamellen immer reinweiß sind. Schließlich haben wir auf dem Friedhof noch nichts zu suchen, außer vielleicht den kräftigen *Stadtchampignon* (Agaricus edulis), der sogar Asphaltdecken zu durchstoßen vermag. Sehr häufig finden wir den *Wiesenchampignon* (Agaricus campester oder Feldegerling) und seinen piekfeinen Bruder, den *Anischampignon* (Agaricus arvensis oder Schafchampignon), der sich besonders stark mit Anis parfümiert. Sein oft etwas unterernährter Bruder, der *Waldchampignon* (Agaricus silvaticus oder Blutchampignon) neigt zu rötlichen Lamellen und wirkt mit seinen braunen Schuppen auf dem Hut ein wenig ungepflegt. Er schmeckt aber besser, als er aussieht.
Sicher haben Sie sich schon oft an gebackenen Champignons delektiert. Man bekommt sie in jedem besseren Restaurant – mit dem kleinen Unterschied, daß man dort marktübliche Zuchtchampignons verwendet, die den jungen Anischampignon geschmacklich nicht erreichen.

Champignons haben eine sehr liebenswerte Eigenschaft: Sie lassen sich auch roh verspeisen:

Salat aus rohen Champignons

1 Tasse Mayonnaise
1/2 Tasse süße Sahne
2 Eidotter, Zitronensaft
Zucker, Salz
500 g junge Champignons

Aus allen Zutaten eine Sauce bereiten, mit den feingeschnittenen Champignons mischen und einige Stunden im Kühlschrank ziehen lassen.
Ebenso lecker, jedoch etwas »leichter«, schmeckt der Salat mit einer Sauce Vinaigrette mit frischen Kräutern.

Alt-Wiener Champignonsauce

Gut 500 g junge Champignons
etwas Zitronensaft
Räucherspeck
1 kleine Zwiebel
1/4 l Hühnerbouillon
1/4 l Rotwein
Butter, Mehl
150 g Schinken
1/8 l Sahne, 1 Eidotter

Den gewürfelten Speck anbraten und die feingeschnittene Zwiebel darin goldgelb rösten. Die ganzen oder halbierten, mit Zitronensaft besprengten Champignons kurz mitrösten, mit der Hühnerbouillon und dem Wein löschen und weichdünsten. Die Champignons herausnehmen und zugedeckt warmhalten. Eine helle Schwitze machen und mit der Brühe 5 Minuten kochen. Den feingewürfelten Schinken dazugeben und die Sauce mit dem in Sahne verquirlten Eidotter legieren. Alles über die Champignons gießen und mit Reis servieren.
Die Champignonsauce schmeckt auch sehr gut zu Semmelknödeln. Dann sollte die Sauce mit frischen Kräutern angereichert werden.

Duxelles

Die klassische Duxelles ist aus der französischen Küche nicht wegzudenken. Sie basiert auf der Zugabe von Zuchtchampignons, wird mit Anischampignons noch feiner und ergibt, mit anderen edlen Pilzen bereitet, interessante Varianten. Sollten Sie die Hüte für andere Pilzgerichte verwenden wollen, genügt es, die Duxelles nur aus den feingehackten Stielen zu bereiten.

1 Zwiebel, 1 Schalotte
125 g Champignons
40 g Butter
60 g gekochter Schinken
Pfeffer, Salz
2 Eßlöffel Tomatenmark

Die feingehackte Zwiebel und Schalotte in der Butter goldgelb braten, die feingeschnittenen Champignons sanft mitrösten, würzen und mit dem kleingewürfelten Schinken und dem Tomatenmark 5–10 Minuten zart dünsten, bis die Flüssigkeit verdampft ist. Wir bewahren die Duxelles kühl in einer Schüssel auf und bedecken sie mit Alufolie. Man kann die Duxelles durch Beigabe von feingehackter Petersilie variieren oder durch Weglassen des Schinkens eine sogenannte »magere« Duxelles bereiten. Ich verwende Duxelles sehr oft bei meinen Grillparties als Füllung oder einfach zum Verfeinern von Suppen und Saucen. Ein »Filet Wellington« wäre ohne feine Duxelles nicht denkbar. Sollten Ihnen Duxelles übrigbleiben, können Sie diese bedenkenlos einen Tag im Kühlschrank aufbewahren.

Kräuterchampignons in Bierteig

16 große Champignons
2 Eßlöffel Zitronensaft
4 Knoblauchzehen
1 Bund Kräuter, gemischt
60 g Butter, Meersalz, Pfeffer
Für den Teig:
125 g Mehl, 125 g Speisestärke
4 Eier, getrennt, 1/4 l Bier
Zum Fritieren:
500 g Butterschmalz oder Öl

Die Champignons abbrausen und mit Küchenkrepp abtupfen. Den Stiel herausdrehen und die Pilzköpfe mit Zitronensaft beträufeln. Die Knoblauchzehen schälen und durch eine Presse drücken. Die Kräuter waschen, trockentupfen und feinhacken. Die Butter zerlassen, den Knoblauch, Kräuter und Gewürze darin 4 Minuten dünsten und in die Pilzköpfe füllen.
Einen Teig aus Mehl, Speisestärke, Eigelb und Bier rühren. Das Eiweiß steifschlagen und unter die Teigmasse ziehen. Das Butterschmalz in einem großen Topf erhitzen, die Kräuterchampignons in den Bierteig tauchen und im Butterschmalz fritieren.

Champignonreis

200 g Champignons
feingehackte Petersilie
Butter
1 Tasse Reis, Salz

Die feingeschnittenen Champignons mit der Petersilie in der Butter anrösten. Den Reis, Salz und zwei Tassen Wasser zugeben und zugedeckt langsam gardünsten.

Kräuterchampignons in Bierteig (s. o.) ▷

Gefüllte Champignons

8 große, gewölbte Champignonhüte, Salz
200 g Duxelles
Semmelbrösel, Öl

Die Champignonhüte leicht aushöhlen, wenig salzen und mit Duxelles füllen. Mit Semmelbröseln bestreuen, ein wenig Öl darüberträufeln und mit der Öffnung nach oben im heißen Backrohr 10–12 Minuten gratinieren.

Pfannkuchen/ Palatschinken mit Duxelles

200 g Mehl, 2 Eier
1/2 l Milch
Salz, Öl
400 g Duxelles

Aus Mehl, Eiern, Milch und Salz einen glatten Teig rühren. In wenig heißem Öl Pfannkuchen auf beiden Seiten goldbraun backen und warmstellen. Die ebenfalls warm gehaltene Duxelles auf die Pfannkuchen (Palatschinken) verteilen und diese einrollen. Auf vorgewärmten Tellern servieren. Dazu paßt Kopfsalat.

Sehr dekorativ sieht es aus, wenn die Pfannkuchen zu Teignestern gerollt und dann mit Champignons gefüllt werden.

Gratinierte Champignonhüte

16 Champignonhüte
200 g Butter
2 Schalotten
3 Knoblauchzehen
1 Bund Basilikum
1 Bund Petersilie
Pfeffer, Salz

Die Pilzhüte putzen, die Stiele ausbrechen. Die Butter schaumig rühren. Schalotten, Knoblauchzehen, Basilikum und Petersilie feinhacken und in der schaumigen Butter mit den Gewürzen verrühren. Die Kräuterbutter in die Champignonhüte füllen und im heißen Backrohr auf Höchststufe oder unter dem Grill etwa 12 Minuten gratinieren.

Kalbstaschen mit Duxelles gefüllt

4 eingeschnittene Kalbsschnitzel, Salz
250 g Duxelles
Salz, Öl

Die aufgeklappten, leicht gesalzenen Kalbsschnitzel auf der Innenseite mit Duxelles bestreichen, zuklappen und mit Zahnstochern oder Spießchen die Ränder verschließen. Beidseitig auf dem Rost grillen und dabei mit Öl bepinseln.

Anischampignons gebacken

200 g Mehl, 2 Eier
1/4 l Weißwein
etwas Öl und Salz
500 g kleine Anischampignons
Fritieröl

Aus Mehl, Eiern, Wein, Öl und Salz einen Backteig zubereiten. Die gereinigten, trokkenen Champignons durchziehen und im heißen Öl goldbraun backen. Abtropfen lassen und mit Sauce Tatare servieren.

Gegrillte Champignons mit Hühnerleber

8 große Champignonhüte
200 g Duxelles
250 g Hühnerleber
Pfeffer, Salz, Alufolie

Die Champignonköpfe leicht aushöhlen, eventuell aus den Stielen und Abfällen die Duxelles (Seite 34) bereiten. Die Köpfe wenig salzen und mit der gewürzten Leber und der Duxelles füllen. Alles in Alufolie einschlagen und diese oben zudrehen. Mit der gewölbten Hutseite nach unten auf dem Rost gargrillen.

Champignons mit Portwein

1 kg Champignons, Butter
1/10 l Portwein
1/4 l Sahne
Pfeffer, Salz

Die grob zerkleinerten Champignons (kleine ganzlassen) in Butter anschwitzen, mit dem Portwein löschen, würzen und kurz einkochen lassen. So lange Sahne zugießen, bis es bindet.

Fruchtsalat mit Champignons

250 g Champignons
1 Banane
einige Spritzer Rum
Zitronensaft
etwas Öl und Zucker
weißer Pfeffer, Salz
Dosenfrüchte
1/8 l süße Sahne

Die Champignons blanchieren, abtropfen lassen, zusammen mit der Banane dünn aufschneiden und mit Rum besprengen. Dann mit den übrigen Beigaben marinieren, mit Dosenfrüchten garnieren und mit Sahne übergießen.

Lasagne mit Pilzen

Lasagne mit Pilzen

150 g Stangensellerie
1 mittelgroße Zwiebel
2 Eßlöffel Olivenöl
700 g gemischte Pilze (z. B. Champignons
Pfifferlinge, Austernpilze, Shii-Take)
Salz, Pfeffer
200 g Frühstücksspeck oder gekochter Schinken
300 g Gruyère-Käse
ca. 200 g gebrauchsfertige Lasagneblätter

Béchamelsauce:

40 g Butter, 30 g Mehl
1/2 l Fleischbrühe, Zitronensaft

Die Selleriestangen waschen, Zwiebel schälen und beides feinwürfeln. In heißem Olivenöl 5 Minuten in einer Pfanne anbraten. Pilze putzen und in Stücke oder dicke Scheiben schneiden. Dazugeben und 5 Minuten dünsten, mit Salz und Pfeffer abschmekken.

Die Pilze aus der Pfanne nehmen und die Speckscheiben darin knusprig braten oder den Schinken würfelig schneiden und leicht anbraten. Den Käse grob reiben.

Aus Butter, Mehl, Fleischbrühe eine Béchamelsauce bereiten und mit Zitronensaft abschmecken.

Etwas Béchamelsauce in eine rechteckige, feuerfeste Form (2 l Inhalt) geben. Dann in mehreren Schichten abwechselnd Lasagne-Platten, Pilze, Speck oder Schinkenwürfel, Käse und Béchamelsauce einfüllen. Jede Schicht mit etwas Salz und Pfeffer würzen. Die oberste Schicht sollte aus Sauce und dem restlichen Gruyère bestehen. Im auf 200°C vorgeheizten Ofen 30 Minuten abgedeckt und danach 15 Minuten offen backen.

Weitere Kochtips für Champignons

Wir finden oft frische Champignons, deren Hüte flach aufgeschirmt sind und bereits etwas dunkle Lamellen aufweisen. Wenn sie wirklich frisch sind, beeinflussen sie den Geschmack von Pilzgerichten in keiner Weise ungünstig. Es ist nur ein optisches Handicap, weil die Speisen dann auch dunkel werden. Ich pflege weit geöffnete Hüte zu grillen – sie werden sehr gut – oder wie Parasolhüte (Seite 47) paniert herauszubacken. Zum Einlegen in Essigwasser halte ich Champignons nicht für besonders geeignet. Sie werden zwar in vielen Gaststätten als Pilzsalat geführt, können sich aber als solcher mit speziellen, »weniger edlen« Pilzarten nicht messen. Bei großen Funden rate ich Ihnen, sie zu trocknen, zu Pilzextrakt zu verarbeiten oder einzumachen.

Ein Nachbar des Wiesenchampignons: Der Nelkenschwindling

Marasmius oreades, Feldschwindling oder Kreisling

Wenn meine Champignonwiese abgeerntet ist, kränkt mich das nicht sehr. Der Nelkenschwindling, den kein Anfänger pflückt, zwingt mich oft stundenlang auf die Knie. Wie edel muß ein Pilz sein, daß man vor ihm kniet? Er liefert mir ein unvergleichlich mildes Pilzpulver, das nach feinen Backwaren duftet. Einzeln wäre er sehr unergiebig mit seinem zartfleischigen Hütchen und dem dünnen zähen Stiel. Er wächst aber in so großen Trupps, zum Teil in »Hexenkreisen«, daß wir kaum von unseren Knien hochkommen. Nehmen Sie eine Schere auf die Wiese mit! Sie können den Nelkenschwindling sauberer ernten, wenn Sie ihn mit der Schere abschneiden.
Sicher kann man aus diesem Pilz auch feinste Suppen bereiten. Ich möchte Ihnen jedoch raten, alle Pilze zu trocknen und samt den gestutzten Stielen zu Pilzpulver zu zerreiben. Man kann nie genug Nelkenschwindlingspulver zu Hause haben!

Nelkenschwindlingssuppe nach Gärtnerinart

2 Bund Suppengrün, Butter
1 Stückchen Kohlrabi
2 Rindsuppenwürfel
ca. 1/2 l Wasser
500 g Nelkenschwindlingshütchen
feingehackte Kräuter (Petersilie, Schnittlauch,
Kerbel, 1 Anischampignon)
Weißbrotstreifen

Das gewürfelte Gemüse in der Butter fast weich dünsten und schließlich mit den Pilzhütchen 10 Minuten in der Rindsuppe garkochen. Weißbrotstreifen in Butter rösten und mit den Kräutern auf die Teller geben.

Wiener Schnitzel mit Nelkenschwindlingspulver

4 Kalbsschnitzel, Salz
Nelkenschwindlingspulver
Mehl, 1 Ei
Brösel, Fett

Abends die Kalbsschnitzel salzen, mit Pilzpulver bestreuen, übereinanderlegen, in Folie schlagen und über Nacht in den Kühlschrank stellen. Zu Mittag wie üblich panieren und in Fett goldbraun backen.
Backhuhn können Sie auf dieselbe Art bereiten.

Pilzknöderln (-Bällchen) als Suppeneinlage

150 g Champignons
Butter, 2 Eier
einige Teelöffel Nelkenschwindlingspulver
Semmelbrösel, Mehl, Salz

Die feingehackten Champignons kurz in etwas Butter dünsten und auskühlen lassen. Dann mit weicher Butter, den Eiern und dem Pilzpulver verkneten und nur so viel Brösel und Mehl dazugeben, daß eine gewisse Bindung erreicht wird. Denn die Knöderln sollen, fertiggekocht, weich und flaumig bleiben und auf der Zunge zergehen. Den Teig eine gute halbe Stunde rasten lassen, kleine Knöderln formen und in Salzwasser etwa 5 Minuten bei kleiner Flamme garziehen.

Diese Pilzknöderln, die ich als Einlage zu einer Kraftbrühe vom Reh reichte, hinterließen bei meiner Kochrunde einen bleibenden Eindruck. Natürlich passen sie auch zu jeder anderen klaren Suppe. Ich kenne keine zartere, delikatere Einlage.

Pilzklösse (Pilzknödel) in Rindsbouillon

1 l gute Rindsbouillon
30 g Butter
1 Zwiebel oder 2 Lauchzwiebeln
500 g geputzte Pilze, z. B. Maronen, Sandröhrlinge und Birkenpilze
125 g Bratwurstmasse vom Kalb
1 Bund großblättrige Petersilie oder
1/2 Kästchen Kresse
Salz, Pfeffer
2–3 Teelöffel Nelkenschwindlingspulver
4 Eßlöffel Semmelbrösel (oder Mutschelmehl)

Die fertige Rindsbouillon langsam erhitzen. In einer großen Pfanne die Butter zerlassen und darin die Zwiebelstückchen goldgelb andünsten. Die geputzten Pilze kleinschneiden und so lange in der Pfanne mitdünsten, bis die in den Pilzen vorhandene Flüssigkeit verdampft ist. Die Pilz-Zwiebel-Masse abkühlen lassen und die Bratwurstmasse mit der kleingehackten Petersilie vermischen. Mit den Gewürzen abschmecken und alle Zutaten mit Hilfe von Semmelbröseln zu einem Teig verkneten. Den Teig etwas ruhen lassen und dann mit nassen Händen etwa 8 Klöße (Knödel) formen. Die Klöße in der Bouillon etwa 15 Minuten ziehen, aber nicht kochen lassen.

Der Knoblauchschwindling

Marasmius scorodonius, Küchenschwindling oder Mousseron

Suchen Sie den Knoblauchschwindling! Es zahlt sich aus. Sie finden den winzigen Pilz nur unmittelbar nach Regentagen auf Heiden, Holzschlägen, an Waldrändern und alten Baumwurzeln. Ziehen Sie gleich nach dem nächsten Regen hinaus und vergessen Sie alle anderen Pilze, die naß und vollgesogen nicht viel wert sind. Sammeln Sie den Knoblauchschwindling auf Vorrat, so viel Sie können! Er soll Jahre reichen. Denn bei normalem Pilzwetter gibt es ihn nicht! Bei Sonnenschein und Trockenheit ver-schwindet er, daher sein Name.
Der Knoblauchschwindling ist ein reiner Würzpilz. Schon ein einziges Hütchen von ihm wertet jedes Pilzgericht, aber auch alle anderen Speisen auf. Er schmeckt viel feiner als Knoblauch, kann diesen voll ersetzen und hat überdies den Vorteil, daß man nach seinem Genuß nicht nach Knoblauch riecht! Getrocknet ist er am besten. Die getrockneten Hütchen bewahren Sie als ganze in gut verschlossenen Dosen auf, die Stiele zu Pilzpulver verrieben. Wenn Sie eine Dose voll zusammenbekommen, werden Sie von allen Köchen beneidet!

Weitere Kochtips: Versuchen Sie Schweineschnitzel mit Knoblauchschwindlingspulver, paniert! Natürlich auch zu Hammelbraten eine Delikatesse!

Kosten Sie die Täublinge!

Sehr oft nehme ich Kinder in den Wald mit. Es tut ihrer Entwicklung gut, wenn sie schon in frühen Jahren die Liebe zur Natur entdecken. Pilze und Beeren zu sammeln macht ihnen natürlich am meisten Spaß. Ich weiß, wie stolz meine kleine Tochter war, weil sie mehr Pilze kannte als ihre Biologielehrerin. Ein Unbehagen bekomme ich nur, wenn wir auf besonders viele Täublingsarten stoßen. Die Kinder pflücken gerade diese bunten Pilze, die wir in allen Farben antreffen, mit großer Leidenschaft. »Onkel Lützchen!« rufen sie andauernd. »Bitte kosten!« Wenn Sie da hintereinander in einen grausig scharfen Speitäubling, einen bitteren Gallentäubling oder einen unerträglichen Stachelbeertäubling gebissen haben, kommen Ihnen die Tränen und Sie wollen von Täublingen nichts mehr hören!

Leider ist das Kosten ganz wichtig. Eine Faustregel besagt, daß alle mild schmeckenden Täublingsarten genießbar sind. Bittere oder scharfe Täublinge verwenden Sie auf keinen Fall! Nur grünliche und bläuliche Täublinge brauchen Sie nicht zu kosten, sie sind in jedem Fall genießbar. Am bekanntesten und besten sind der violettgrüne *Frauentäubling* (Russula cyanoxantha), der grünspanfarbene *Grüntäubling* (Russula virescens), der fleischrote *Speisetäubling* (Russula vesca), der braune *Wieseltäubling* (Russula mustelina), der *Weinrote Graustieltäubling* (Russula obscura), der *Chromgelbe Graustieltäubling* (Russula flava), der rotglänzende *Apfeltäubling* (Russula paludosa) und der weinrot- bis olivbraune *Rotstielige Ledertäubling* (Russula olivacea).

All diese mild schmeckenden Täublinge können wir auf die gleiche Art zubereiten. Sie haben durchwegs kein starkes Aroma, besitzen aber einen angenehmen Geschmack und werden in jeder Zubereitung durch Beigabe von würzigem Pilzpulver verbessert. Sie sind weißfleischig, nußartig kernig und leicht zu putzen. Die Hutoberhaut läßt sich gut abziehen. Da sie nicht sehr anspruchsvoll sind, gedeihen sie vom Frühsommer bis in den späteren Herbst auch bei ziemlich trockenem Wetter.

Salat aus rohen Täublingen

50 g Mayonnaise
2–3 Eßlöffel saure Sahne
Meerrettich (Kren)
etwas Zitronensaft
Pfeffer, Salz
gehackte Kräuter (wie Kresse, Dill, Schnittlauch, Petersilie)
250 g feingeschnittene, junge Täublinge

Aus allen Zutaten eine Sauce bereiten und die Täublinge darunterheben.

Täublinge in »Oberskren« (Sahnemeerrettich)

1–2 Eßlöffel Meerrettich und
1–2 Eßlöffel feste, junge Täublinge
beide sehr fein geraspelt
Zitronensaft, Salz
eine Prise Zucker
1/8 l süße Sahne

Meerrettich und Täublinge nach dem Raspeln sofort mit Zitronensaft beträufeln, würzen und dann mit der steifgeschlagenen Sahne (Obers) vermengen. Eine feine Beigabe zu Rohschinken oder Fisch.

Gebratene Täublinge

500 g grob geschnittene Täublinge
Butter, Salz, Pfeffer

Die Täublinge etwa eine Viertelstunde in der zerlassenen Butter braten und würzen. Nach Geschmack kann am Schluß ein wenig feingehackte Petersilie darübergestreut werden.
Täublinge gehören zu den wenigen Pilzen, die auch roh angenehm schmecken und gegessen werden können.

Täublinge auf Ungarische Art

2 Zwiebeln, Butter
1 kg Täublinge
1 Teelöffel Paprika
Salz, gehackte Petersilie
1/4 l saure Sahne, Mehl

Die gewürfelten Zwiebeln in der Butter goldbraun rösten und mit den feingeschnittenen Täublingen und den Gewürzen weichdünsten. Schließlich die mit Mehl verquirlte saure Sahne 5 Minuten mitkochen und zuletzt die Petersilie einrühren.
Mit Spiegeleiern oder gerösteten Weißbrotschnitten servieren.

Weitere Kochtips: Täublinge eignen sich wegen ihres kernigen Fleisches am besten zum Braten, weniger zum Grillen. Infolge ihrer spröden Konsistenz muß man sie bei Verwendung für Saucen oder gedünstetes Gemüse ganz feinblättrig aufschneiden. Die Zugabe von hellem Pilzpulver würziger Art hebt ihren Geschmack.
Auch paniert und in Öl gebacken schmekken sie fein. Leider, wo wir sie doch so zahlreich finden, sind sie zum Haltbarmachen in Essig nicht sehr gut geeignet, weil sie als normaler Pilzsalat etwas strohig schmecken. Durch vermehrte Zugabe von Öl wird Täublingssalat schmackhafter.
Täublinge lassen sich gut trocknen, haben aber nicht viel Würzkraft. Wirklich gut machen sie sich, auch als überwiegender Anteil, in Mischpilzgerichten.

Waldpilzgemüse, Seite 44 ▷

Waldpilzgemüse auf Makkaroni

500 g geputzte Pilze, z. B. Maronen, junge Täublinge, Wiesenchampignons, was Sie gerade in Ihrem Pilzkorb haben
30 g Butter oder Butterschmalz
50 g geräucherter Schinken
evtl. 1 rote Paprikaschote
falls möglich: je 1 Bund frischer Thymian und Basilikum (ersatzweise getrocknet) oder Petersilie
Salz und Pfeffer
200 g Makkaroni
frisch geriebener Parmesan

Bei diesem Waldpilzgemüse können Sie beliebig Ihren Fund mischen.
In der zerlassenen Butter den würfelig geschnittenen Schinken anbraten. Die möglichst ganzen kleinen Pilze zugeben und etwa 20 Minuten bei milder Hitzezufuhr dünsten. Während die Pilze garen, die Makkaroni in Salzwasser, dem ein Schuß Öl beigefügt ist, in etwa 8 bis 10 Minuten »al dente« (d. h. »mit Biß«) garen. Dann die Nudeln gut abtropfen lassen und auf eine vorgewärmte Platte geben.
Das Pilzgemüse mit den frischen gehackten Kräutern, Salz und Pfeffer abschmecken und auf den Makkaroni anrichten. Wer mag, kann noch frischen geriebenen Parmesan darüberstreuen.

Der Brätling

Lactarius volemus oder Milchbrätling

Auch Brätlinge sind, was Feuchtigkeit betrifft, sehr genügsam. Ihr hart-festes Fleisch läßt sich gut raspeln und sondert eine weiße Milch ab, die beim Putzen Ihre Finger bräunt.
Mit Brätlingen habe ich einmal meine Katze Lissy überlistet. Oder sie mich? Ich mußte vom Tisch weg zum Telefon eilen. Als ich zurückkam, war mein Teller leer, und Lissy wusch sich betont unauffällig. Sie pflegt aus Prinzip nur Fleisch zu fressen – wo waren also meine Brätlinge hingekommen? Ich nehme an, sie glaubt heute noch, daß es Kalbsleber war.

Brätlinge auf Knoblauchbrot

Dazu eignen sich besonders ganze oder geteilte Hüte. Man kann aber auch die der Länge nach halbierten Stiele verwenden.

1 kg Brätlinge
Salz
Schweineschmalz
8 Schnitten frisches Schwarzbrot
4 Zehen Knoblauch
Schnecken- oder Kräuterbutter
frische Salatblätter

Die flachen Brätlingsteile salzen und im Schmalz zart (nicht zu stark!) anbraten. Daneben im heißen Backrohr das Brot toasten, gleich mit Knoblauch einreiben und auf die mit Salatblättern ausgelegten Teller geben. Die heißen, leicht gesalzenen Brätlinge darauflegen und reichlich Schneckenbutter darüber verteilen.

Gegrillter Karpfen mit rohen Brätlingen

1 Karpfen
Salz, Pfeffer, Öl
2 feste Brätlinge
2 Zehen Knoblauch
Petersilie, Zitronensaft
Butter

Den ausgenommenen, entschuppten Karpfen, an dem man Kopf und Flossen dranläßt, der Länge nach vom Kopf bis zum Schwanz mit einem Sägemesser in zwei Hälften teilen und würzen. Gut ölen und zuerst die Innenseiten auf dem Rost goldbraun grillen. Vor und nach dem Wenden wieder gut mit Öl bepinseln. Die rohen Brätlinge raspeln oder mit dem Knoblauch und ein wenig Petersilie feinhacken, leicht salzen und mit ein paar Spritzern Zitronensaft versehen. Die Karpfenhälften auf vorgewärmten Tellern anrichten, so daß die heiße Außenseite oben ist, Butterflocken daraufsetzen und die Hackmischung darüber verteilen.

Brätlingslaibchen

500 g Brätlinge
Salz, Pfeffer
2 Eier, Butter
Mehl, Brösel, Öl

Die Brätlinge fein raspeln, zart würzen und mit einem Ei, Butter und etwas Mehl verkneten. Dann zu flachen Laibchen formen, panieren und in Fett goldbraun backen.

Weitere Kochtips: Ich habe aus Brätlingen auch schon Salat gemacht, durchaus zufriedenstellend. Hüten Sie sich aber, sie zu Mischpilzgerichten zu verwenden oder zu dünsten. Sie werden zäh, und die ganze Sauce bekommt einen tranigen Fischgeschmack. Brätlinge lassen sich gut in der Tiefkühltruhe aufbewahren. Sie gehören vorher gut gesäubert, aber nicht gewaschen und roh in einen Plastikbeutel gelegt. Nach dem Auftauen können sie wie frische Brätlinge zubereitet werden.

Der grosse Regen – Zeit zum Pilzemischen

Lassen wir die trockene, pilzarme Zeit hinter uns. Im späten Sommer und Herbst finden wir die meisten Arten. Natürlich können wir jede Pilzsorte einzeln zubereiten, um ihrem individuellen Geschmack auf die Spur zu kommen und ihn uns einzuprägen. Nach einem reichlichen Fund werden wir gleichzeitig Pilze zu einer frischen Speise verwenden, einige einlegen, andere trocknen oder sie in der Tiefkühltruhe verstauen.

Zartfleischige, mildaromatische Arten passen wunderbar zueinander. Besonders würzige mischen wir, mit Gefühl dosiert, dazu. Harte oder zähfleischige Sorten werden geraspelt oder feingehackt, um sie mit der allgemeinen Konsistenz der Pilzspeise in Einklang zu bringen. Spätestens beim Putzen kommen Sie dahinter, was zusammengehört.

Vorher möchte ich Sie aber noch mit einem edlen Einzelgänger bekannt machen, der sich nicht mit anderen verträgt:

Der Parasol

Macrolepiota procera, Großer Schirmling oder Riesenschirmpilz

Ganz junge, geschlossene Parasolpilze sind dick und pummelig und lassen kaum vermuten, daß sie sich später zu hochgewachsenen, schlanken Burschen mit einem breitkrempigen Sombrero entwickeln werden. Parasole wachsen am liebsten unter Reisighaufen in Fichtenwäldern, aber auch auf Wiesen und an Waldrändern. Ihr rötlich anlaufender Bruder, der *Safranschirmling* (Macrolepiota rhacodes) ist ebensogut und wird wie der Große Schirmling zubereitet. Man säubert sie, ohne sie zu waschen, und schabt ihnen mit dem Messer die Schuppen vom Hut.

◁ Reichhaltige Pilzausbeute von links beginnend im Uhrzeigersinn: Steinpilze, aufgeschirmter Zigeuner, Sandröhrling, Rotkappen, Waldchampignon, Maronenröhrling, Pfifferling.

Gebackene Parasolpilze

Junge, flache Parasolschirme

Salz, Mehl, Eier

Semmelbrösel, Fett

Die leicht gesalzenen Hüte panieren und in Öl goldbraun backen. Dazu gibt man am besten Sauce Tatare, Sauce Remoulade oder Kräuterbutter.

Weitere Kochtips: So köstlich der Parasol gebacken ist – sonst ist er für nichts zu gebrauchen. Weder zum Braten, Grillen noch zum Einfrieren oder Einlegen. Nur junge, noch geschlossene Exemplare können mitsamt ihrem kugeligen Stiel anderen Pilzgerichten beigemengt werden. Die Stiele der aufgeschirmten Pilze sind zähfaserig, eignen sich aber ebensogut zum Trocknen wie die Hüte. Getrocknete Parasolstiele besitzen eine gute Würzkraft und wirken in meinen Gläsern wie Vanillestangen. Ich lasse sie bei einzelnen Speisen mitkochen und werfe sie dann weg. Pflücken Sie nicht zu viele Parasole, wenn Sie unter Ihren Freunden keine Abnehmer haben!

Der Perlpilz

Amanita rubescens oder Rötender Wulstling

Den Perlpilz treffen wir im Sommer sehr zahlreich in Laub- und Nadelwäldern an. Sein wichtigstes Erkennungszeichen ist das zarte Röten im Anschnitt, rund um die Madengänge, auf der Huthaut und in den Lamellen. Seine Doppelgänger haben weißes Fleisch ohne eine Spur von Rosa. Es sind dies der hochgefährliche *Pantherpilz* (Amanita pantherina) und der mittelmäßige Mischpilz *Gedrungener* oder *Grauer Wulstling* (Amanita spissa). Perlpilze sind sehr zartfleischig und Lieblinge der Maden, wie Sie beim Putzen feststellen werden. Die Oberhaut muß man immer abziehen.

Perlpilze vom Grill

Einige frische, offene Hüte des Perlpilzes
Öl, Salz
Butter oder Kräuterbutter

Die ganzen Hüte gut ölen und bei nicht zu starker Glut auf den Rost legen. Ölen, wenden, wieder mit Öl bepinseln und salzen. Zum Abschluß nochmals vorsichtig wenden und auf die heiße Seite Flocken von Butter oder Kräuterbutter verteilen. Ich habe schon viele Pilze gegrillt, aber es kommt geschmacklich keiner an ihn heran, auch nicht der Champignon und der Steinpilz.

Weitere Kochtips: Sie können den Perlpilz wie den Champignon verwenden. Natürlich ist er auch ein sehr guter Mischpilz. Paniert oder wie Kalbsleber in Mehl gewendet, schmeckt er vorzüglich. Für Salate ist er nicht geeignet. Er soll auch nicht roh genossen werden. Vor allem in England wird er industriell zu Pilzessenz verarbeitet.

Der Reifpilz

Rozites caperata, Zigeuner oder Runzelschüppling

Der feine, zartfleischige Pilz ist in aufgeschirmtem Zustand sehr leicht an seinem Hautring (Reif) zu erkennen, der ungefähr in der Mitte des Stieles sitzt.

Betrunkene Zigeuner

1/2 l Rotwein
4 Eßlöffel feingehackte Kräuter
2 Möhren und 1 Stück Sellerie, gewürfelt
1 Lorbeerblatt
2 Zwiebeln
magerer Räucherspeck, gewürfelt
500 g junge, möglichst unaufgeschirmte,
halbierte Reifpilze
Salz und Pfeffer
1/8 l saure Sahne
1 Eßlöffel Mehl
4 Eier, Schnittlauchröllchen

Den Rotwein mit den Kräutern und dem Lorbeerblatt auf die Hälfte einkochen. Daneben die gehackten Zwiebeln in Speck leicht anschwitzen, die Pilze kurz mitrösten, die abgeseihte Rotweinsauce dazugeben und noch einige Minuten kochen. Mit Salz und Pfeffer abschmecken, den mit Mehl verquirlten Rahm ganz kurz mitkochen lassen. Alles in 4 Tassen verteilen, je ein Ei vorsichtig darüberschlagen und im Wasserbad so lange erhitzen, bis die Eier zu stocken beginnen. Am Schluß mit Schnittlauch bestreuen.

Ungarischer Zigeunerreis

200 g Reis
etwa 3/4 l Rindsuppe, Curry
400 g Reifpilze
Butter, 250 g Paprikaschoten
250 g Tomaten
Ketchup, Pfeffer, Salz

Den Reis in etwa 1/2 l Rindsuppe mit etwas Currypulver weichdünsten. In der Butter die grob zerkleinerten Pilze, Paprikaschoten, abgebrühten und enthäuteten Tomaten etwa 20 Minuten nicht zugedeckt schmoren und, falls notwendig, mit dem Rest der Suppe aufgießen. Mit Salz, Pfeffer und Ketchup abschmecken und schließlich mit dem Reis mischen.

Zigeunerkroketten

500 g Reifpilze (Zigeuner)
Butter, Salz
Saft von 1/2 Zitrone
1/4 l süße Sahne, Mehl
3 Eidotter, 2 Eier
Mehl, Brösel

Die gehackten Pilze in Butter anschwitzen, salzen und durch den Fleischwolf drehen. Das Püree abermals in Butter im eigenen Saft und dem Saft einer halben Zitrone dünsten, bis keine Flüssigkeit mehr vorhanden ist.

Mit der mit Mehl verquirlten, dicken Sahne kurz aufkochen lassen, vom Herd nehmen und mit den Eidottern legieren und würzen.

Nach dem Erkalten Kroketten daraus formen und panieren. In heißem Öl schwimmend goldbraun braten.

Weitere Kochtips: Der Reifpilz ist ein hochwertiger Speisepilz und eignet sich praktisch für jedes Einzelgericht, gebraten, gedünstet und als Salat.

Das Kuhmaul

Gomphidius glutinosus,
Großer Schmierling oder Großer Gelbfuß

Wir putzen das zartfleischige Kuhmaul gleich im Wald, um das übrige Sammelgut nicht zu verschmutzen. Dabei entfernen wir mit dem Messer die schleimige Huthaut und schaben den schmierigen Stiel sauber.

Ochsenmaulsalat mit Kuhmaul

400 g fertig gekochtes Ochsenmaul
400 g in gesalzenem Essigwasser gekochte Schmierlinge
50 g mit Paprika gefüllte Oliven
2 Zwiebeln, Essigmarinade
Pfeffer, Salz, Öl

Ochsenmaul, Schmierlinge und Oliven in dünne Scheibchen, die Zwiebeln in dünne halbe Ringe schneiden, in der Marinade einige Stunden ziehen lassen und reichlich mit feinem Öl abrunden.

Weitere Kochtips: Das zarte Kuhmaul eignet sich bestens für Suppen, Pilzgemüse und Mischpilzgerichte. In Essigwasser eingelegt sülzt es ähnlich wie der Hallimasch.

Die Röhrlinge

Einige Röhrlinge zählen zu unseren beliebtesten Speisepilzen. Wir schätzen ihren typischen, würzigen Waldpilzduft, den wir oft bei anderen Arten vermissen. Röhrlinge, die sich im Anschnitt verfärben, werden von Anfängern noch immer gemieden, »sie müssen ja giftig sein« – ein dummer Aberglaube, der völlig zu Unrecht besteht. Unter Röhrlingen gibt es keinen tödlich giftigen Vertreter. Der giftige *Satansröhrling* (Boletus calopus) schmeckt ohnehin bitter, wenn wir ihn kosten. Alle übrigen sind feinaromatisch, können meist gut als Einzelgerichte verarbeitet werden und lassen sich untereinander wunderbar mischen. Die besten Erfolge bei mariniert eingelegten Pilzen habe ich mit allen Arten von Röhrlingen erzielt. Bei dieser Verwendung entfernen wir nicht das Röhrenfutter, falls es nicht *zu* alt ist, weil es in besonderem Maß die Marinade in sich saugt und einen Leckerbissen darstellt. Den würzigen Sud von Röhrlingen sollten Sie immer zu einer Essenz eindicken.

Röhrlinge zum Skalpieren

Der Butterpilz (Suillus luteus), der Goldröhrling (Suillus grevillei) und der Körnchenröhrling (Suillus granulatus)

Die drei Brüder sind in ihrem erlesenen Geschmack kaum zu unterscheiden. Ich habe immer schon behauptet, daß es keinen besseren Saucenpilz als den Butterpilz gibt. Der einzige Nachteil: das Putzen ist mühsam, besonders beim Goldröhrling, dessen Kopfhaut sich nur schlecht abziehen läßt. Nachdem wir die Oberhaut abgeschält, den Stiel sauber geschabt und eventuell die schwammigen Röhren entfernt haben, bleibt nicht mehr viel übrig. Die Arbeit lohnt sich aber.

Butterpilzsauce

1 Zwiebel, Butter
750 g geputzte Butterpilze oder ähnliche
feingehackte Petersilie
1 zerdrückte Knoblauchzehe
1 Prise Zucker, Pfeffer, Salz
1/4 l Rind- oder Kalbssuppe
1/8 l Sahne oder saurer Rahm
Mehl

Die gehackte Zwiebel in der Butter goldgelb braten und die ausgedrückten, feingeschnittenen Butterpilze mit der Petersilie mitdünsten, bis kein Saft mehr vorhanden ist. Mit der Suppe aufgießen, würzen und nach kurzem Kochen mit der mit etwas Mehl verquirlten Sahne binden.

Goldröhrling-Tatar auf Toast

250 g Goldröhrlinge, Butter
200 g feingehacktes, fettfreies, rohes Rindfleisch
1 Ei, 1 feingewiegte Zwiebel
Pfeffer, Salz
dünne Zwiebelringe

Die feingeschnittenen Pilze in der Butter dünsten, bis kein Saft mehr bleibt, und abkühlen lassen. Mit den übrigen Zutaten gut mischen und auf mit Butter bestrichene Toastscheiben verteilen. Mit Zwiebelringen garnieren.

Weitere Kochtips: Butterpilze sollte man wegen ihres feinen Aromas nur mit wenigen anderen, hochwertigen Pilzen mischen. Butterpilzsalat ist ein Gedicht. Auch mit Ei in Butter gebraten schmecken sie vorzüglich. Wegen ihres starken Wassergehaltes sind sie zum Trocknen nicht geeignet.

Falscher Spargelsalat als Tomatenfüllung (s. u.)

Die Rotkappe und der Birkenpilz

Leccinum testaceo-scabrum und der Birkenpilz Leccinum scabrum oder Kapuziner

Die beiden etwas rauhbeinigen, ähnlich schmeckenden Geschwister verfärben sich schon beim Putzen dunkel und noch mehr beim Kochen, was durch Beigabe von Zitronensaft gemildert wird. Man verwendet nur junge, feste Exemplare, da ältere einem Pilzgericht einen muffigen Geschmack verleihen. Die Stiele werden beim Putzen abgeschabt.

Bei einer großen Ausbeute an Birkenpilzen kam mir die Idee, Stiele und Köpfe gesondert zu verarbeiten. So kam ich auf folgende Variante, die bei meinen Gästen Begeisterung auslöste:

Falscher Spargelsalat

500 g feste, ganze Rotkappenstiele
1 Zitrone, Salzwasser
süß-saure Marinade aus Essig oder Zitronensaft, Öl, Pfefferkörnern, Salz und Honig

Die Stiele sofort nach dem Abschaben mit Zitronensaft einreiben und 5–10 Minuten in Salzwasser kochen. Abspülen und in der Marinade einige Stunden ziehen lassen.

Weitere Kochtips: Rotkappen sind gute Misch- und Salatpilze (siehe Abb., angerichtet in ausgehöhlten Tomatenhälften) und eignen sich, in dünne Scheiben geschnitten, vorzüglich zum Trocknen.

Der Sandröhrling und der Kuhröhrling

Der Sandröhrling Suillus variegatus und der Kuhröhrling Suillus bovinus

Sie sind ebenfalls leicht zu putzen, da die Huthaut nicht schleimt. Wir verwenden auch nur junge Exemplare für Mischgerichte und feine Salate.

Maronenreis

1 Tasse Reis
knapp 2 Tassen Rindsuppe
3 Zwiebeln, Butter
500 g Maronenröhrlinge
150 g Schinken, Pfeffer

Den Reis in der Rindsuppe garkochen. Die feingehackten Zwiebeln in Butter anschwitzen, die geschnittenen Pilze und schließlich noch den gewürfelten Schinken mitdünsten. Alles mit dem Reis mischen.

Die 3 delikaten Filzröhrlinge

Der Maronenröhrling Xerocomus badius, die Ziegenlippe Xerocomus subtomentosus und der Rotfußröhrling Xerocomus chrysentheron

Bitte, keine Angst vor bläulicher Verfärbung! Die Maronen sind dem Steinpilz ebenbürtig, Ziegenlippe und Rotfuß dürfen nur jung gepflückt werden, solange sie nicht von dem für sie typischen Goldschimmel befallen sind. Rotfußröhrlinge treten oft massenweise auf und ergeben viele Gläser voll köstlichem Salat. Schwammige Exemplare nimmt man nicht!

Nudelauflauf mit Rotfüssen

350 g Nudeln
500 g Rotfußröhrlinge
magerer Räucherspeck
Butter, 2 Eier
1/4 l saure Sahne
Semmelbrösel, Reibkäse

Die Nudeln in Salzwasser kochen und abtropfen lassen. Die geschnittenen Pilze in gewürfeltem Speck anschwitzen, mit den Nudeln mischen und abschmecken. Das Ganze in eine gebutterte Auflaufform füllen. Die mit den Eiern verquirlte Sahne darübergeben, Semmelbrösel und Reibkäse daraufstreuen, mit Butterflocken belegen und im heißen Rohr gut überbacken.

Weitere Kochtips: Die drei genannten Röhrlingsarten sind wohlschmeckend und für alle Pilzgerichte geeignet. Sehr gut für Reisspeisen und Salate. Getrocknet ergeben sie eine feine Saucenwürze.

Der Steinpilz

Boletus edulis oder Herrenpilz

Es gibt Lehrbücher, die den Herrenpilz in 15 und mehr Unterarten einteilen. Kulinarisch gesehen ist es aber ziemlich egal, ob sein Hut weißlich, grau, hell- oder dunkelbraun oder gar rötlich gefärbt ist. Ob Sie nun das Glück haben, Sommersteinpilze, Schwarzhütige Steinpilze oder Bronzeröhrlinge zu finden, sie bleiben in jedem Fall eine besondere Delikatesse, die das Sammlerherz höher schlagen lassen.

Steinpilze, mit Schinken gefüllt

8 Steinpilze
gehackte Kräuter
2 Knoblauchzehen
Butter, Pfeffer, Salz
250 g Schinken
200 g Emmentaler Käse
2 Tomaten

Die Steinpilze vorsichtig aushöhlen, so daß sie noch genug Körper haben. Das ausgelöste Pilzfleisch mit den Stielen feinhacken, ebenso die Kräuter und den Knoblauch, würzen und in der Butter leicht anrösten. Schließlich den feingehackten Schinken dazumischen. 4 leicht gesalzene Steinpilzhüte mit der Wölbung nach unten in eine gebutterte Pfanne setzen, die Füllung darüber verteilen, die 4 restlichen, leicht gesalzenen Hüte daraufsetzen, auf jeden eine dünne Scheibe Emmentaler Käse mit je einer halben, gesalzenen Tomate legen, mit etwas flüssiger Butter glasieren und im vorgeheizten Backofen gratinieren.

Steinpilz-Rouladen

250 g Steinpilze
1 Zwiebel, Butter
Pfeffer, Salz, Zitronensaft
4 dünne, zarte Kalbsschnitzel
1/2 Glas Weißwein
1/8 l Sahne

Steinpilze und Zwiebel fein schneiden, in der Butter leicht anrösten und mit Salz, Pfeffer und etwas Zitronensaft würzen. Damit 4 leicht gesalzene Kalbsschnitzel einseitig bestreichen, einrollen und mit Spießchen fixieren. In eine gebutterte Pfanne legen, mit dem Wein und der Sahne übergießen und im vorgeheizten Backofen gratinieren.

Steinpilze auf italienische Art

4–6 Knoblauchzehen
1/4 l Olivenöl
1 kg Steinpilze
gehackte Petersilie
oder frische Basilikumblätter
Pfeffer, Salz

Die Hälfte der Knoblauchzehen in der Hälfte des Öls goldgelb rösten und entfernen. Die dünn aufgeschnittenen Steinpilze 2 Minuten bei starker Hitze im selben Öl anbraten und ständig schwenken. Dann in einem Sieb abtropfen lassen. Die zweite Hälfte der Knoblauchzehen im restlichen Öl wiederum wie oben rösten und wegwerfen. Die abgetropften Pilze mit Petersilie und Gewürzen abermals 2 Minuten im Öl braten und mit ein wenig frisch gehackter Petersilie heiß servieren.

Steinpilze, Champignons und Stockschwämmchenhüte in Sektmarinade

Für dieses Rezept sind alle Pilzarten geeignet, die man roh genießen kann.

Für den Sud:

- 3/8 l halbsüßer Sekt, etwas Zitronensaft
- 3 geschnittene Knoblauchzehen
- 2 Lorbeerblätter, Pfefferkörner
- 3 Wacholderbeeren
- 1 Schuß Olivenöl und Salz

Alles etwa eine Viertelstunde leicht kochen. Die mundgerechten, vorbereiteten Pilzstücke (etwa 500 g) in den heißen Sud einlegen und einige Stunden ziehen lassen.

Die kalten, abgetropften Pilze auf Tellern anrichten, mit gehackter Petersilie bestreuen und mit frischem Olivenöl übergießen.

Steinpilze, paniert

Abbildung s. o.

500 g Steinpilze (es können größere sein)
Salz, Mehl, 2 Eier
Semmelbrösel
Butterschmalz oder Margarine

Die Steinpilze der Länge nach in Scheiben schneiden. In gesalzenem Wasser 2 Minuten blanchieren. Gut abtropfen lassen, in Mehl, dann in verschlagenen Eiern und zuletzt in Semmelbröseln wälzen und im heißen Fett in der Pfanne goldbraun herausbacken. Mit ein paar Tropfen Zitronensaft und frischen Rosmarinnadeln würzen.

Steinpilze auf Bordelaiser Art

1 kg Steinpilze
Öl, Butter
1 Eßlöffel gehackte Schalotten
Pfeffer, Salz
Semmelbrösel, Petersilie

Die Steinpilze in 1 cm dicke Scheiben schneiden und nur einen Stiel halbfein hakken. Die Scheiben in heißem Öl-Butter-Gemisch leicht anrösten, die Schalotten und den gehackten Stiel kurz mitrösten und würzen. Ein wenig Semmelbrösel darunterziehen und schließlich mit gehackter Petersilie bestreuen.

Steinpilze, mit Hackfleisch gefüllt

2 Zwiebeln, 8 Steinpilze
300 g Hackfleisch (Faschiertes)
2 Knoblauchzehen
feingehackte Petersilie
Semmelbrösel, 1 verquirltes Ei
etwas Salbei, Pfeffer und Salz
Butter, 1/8 l süße Sahne
etwas erhitzter Tomatensaft

Nacheinander die feingehackten Zwiebeln mit den feingeschnittenen Pilzstielen, dem Hackfleisch, dem zerdrückten Knoblauch, der Petersilie und den Bröseln nicht zu stark rösten und das Ei mit den Gewürzen darunterziehen. 4 leicht gesalzene Steinpilzhüte mit der Wölbung nach unten in eine gebutterte Pfanne setzen, die Röstmischung darüber verteilen, die 4 restlichen gesalzenen Hüte daraufsetzen, mit etwas flüssiger Butter glasieren, mit Semmelbröseln bestreuen und die Sahne darübergießen. Im vorgeheizten Backofen (E.Herd 225 °C/G.Herd 4–5) gratinieren, bis die Brösel und der Rahm goldbraun sind.

Vor dem Servieren mit ein wenig heißem Tomatensaft beträufeln.

Weitere Kochtips: Steinpilze können Sie für alle angegebenen Rezepte verwenden. Es wäre aber schade, ihren edlen Geschmack mit Gewürzen zu überdecken. Natürlich eignen sie sich auch bestens zum Einlegen und Trocknen oder blanchiert zum Einfrieren.

Das Nonplusultra: der Kaiserling

Amanita caesarea

Daß man allgemein den Steinpilz für den feinsten Pilz hält, ist eine alte Geschichte. Daß ihn aber der Kaiserling im Wohlgeschmack um einiges übertrifft, ist eine noch ältere Geschichte, nur kennt man sie in unseren Breiten kaum. Wie der Name andeutet, schätzten ihn bereits die römischen Kaiser als unübertrefflichen Leckerbissen. Ich hoffe, daß wir endlich wieder einmal einen feuchtwarmen, tropischen Sommer bekommen. Dann wächst er nämlich auch bei uns. Wenn Sie auf dem Balkan oder in Italien Urlaub machen, versäumen Sie nicht, die dortigen Wälder nach ihm zu durchstöbern. Es kann sich wirklich kein Pilz mit ihm messen.

Wenn Sie ihn noch nicht kennen, könnten Sie ihn eventuell mit dem Fliegenpilz verwechseln. Der Kaiserling hat aber keine weißen Flecken am Hut, Lamellen, Stiel und Fleisch sind goldgelb. Ich erinnere mich noch an meine erste Begegnung mit ihm: Ich hatte sehr viele Täublinge gefunden und hielt ihn zunächst, aus der Sicht von oben, für eine rotbraune Täublingsart. Der geriefte Hutrand, der gelbe Stiel und die weiße Scheide, aus der er wuchs, versetzten mich aber sehr rasch in helles Entzücken: Ich hatte, ganz knapp nebeneinander, meine ersten drei Kaiserlinge gefunden! In allen Stadien – noch fast geschlossen als weißes Ei, halb geöffnet und voll aufgeschirmt. Gleich darauf probierte ich ihn in meiner Küche:

Kaiserling natur

Kaiserlinge
Butter, Salz

Die Hüte und die halbierten Stiele salzen und in Butter ganz zart braten. Das ist immer die beste Methode, den Eigengeschmack eines Pilzes kennenzulernen. In diesem Fall kommen Sie zu einem überraschenden Ergebnis: Nicht nur die Farbe des Pilzes ist goldgelb, sondern er schmeckt auch so, als ob auf unerklärliche Weise Eidotter in ihn hineingezaubert worden wäre. Unvergleichlich!

Caesaren-Omelette

500 g Kaiserlinge, Butter
ganz wenig Rosmarin, Salz
8 Eier
1/8 l Sahne

Die gehackten, zart gewürzten Kaiserlinge in Butter goldgelb braten. Die Eidotter vom Eiweiß trennen. Dotter, Sahne und Salz verquirlen. Das Eiweiß ganz wenig salzen, zu Schnee schlagen und unter die Dotter geben. Butter erhitzen, pro Person je ein Viertel der Eimasse in der Pfanne von einer Seite goldbraun anbraten. Einzeln auf einen vorgewärmten Teller legen, jeweils mit einem Viertel der Pilze behäufen und eine Hälfte des Omeletts darüberfalten. Sofort auftragen!

Weitere Kochtips: Da Kaiserlinge eine Rarität sind, werden wir kaum den Wunsch haben, ihren einmalig zarten Geschmack durch deftige Gewürze, auch nicht durch Zwiebeln oder Speck, zu verfälschen. Eier, Sahne und feine Kräuter in kleinen Mengen ordnen sich ihnen am besten unter.

Der Kaiserling

Der teuerste Pilz – die Trüffel?

Daß die Trüffel fast unerschwinglich teuer ist, weiß jeder. Tatsächlich ist aber der teuerste Pilz der bereits besprochene echte Mousseron oder Knoblauchschwindling, der verschwindend wenig wiegt und nur in getrockneter Form gehandelt wird.
Es ist nicht fair von mir, wenn ich Ihnen nun den Mund nach Trüffeln wässerig mache, ohne Ihnen verraten zu können, wo und wie Sie sie finden. Dabei sollen sie auch in unseren Wäldern gedeihen wie in Frankreich oder im Piemont, aber auch ebenso unterirdisch. In Frankreich gibt es Familien, die Trüffelhunde und Trüffelschweine nach alter, streng gehüteter Tradition dressieren, aber ihre Kenntnis an niemand verraten. Vielleicht würde es sich auszahlen, Trüffelspione auszubilden und in Frankreich einzuschleusen?
Falls es Sie interessiert, möchte ich Sie mit meiner mickrigen Trüffelfunderfahrung bekanntmachen. Im Abstand von fünf Jahren fand ich zweimal, rein zufällig, je eine ziemlich große Trüffel, und zwar eine weiße Trüffel, wie sie auf dem Markt in Frankreich frisch gehandelt wird. Sie ist hart und unförmig, sieht außen aus wie eine ungewaschene Kartoffel und zeigt im Anschnitt eine marmorierte, mit feinen Gängen durchzogene Zeichnung. Ich entdeckte sie beide Male am Bruchrand eines Hohlweges, etwa 30 cm unter der oberen Wegbegrenzung.
Die Zubereitung der ersten war ein voller Mißerfolg. Meine Methode »natur« bewährte sich bisher bei allen Pilzen, um ihre Eigenart kennenzulernen, nur nicht bei der Trüffel.
In feine Scheiben geschnitten und in Butter gebraten hat sie die Konsistenz einer holzigen Kohlrübe und schmeckt nach nichts.
5 Jahre später hatte ich mir bereits theoretische Kenntnisse über ihre Zubereitung angeeignet. Sollten Sie auch einmal durch diesen hohlen Weg kommen und eine Trüffel finden, hier ist mein zweiter Versuch, der Sie schon eher zufriedenstellen wird:

Trüffel mit Sherry

1 Eßlöffel feingehackte Kräuter
Butter
1 Trüffel (oder mehr)
1/4 l Sherry
Pfeffer, Salz
1 Teelöffel Pilzpulver

Nachdem wir die Kräuter in Butter geröstet haben, füllen wir sie in einen ziemlich engen Topf, geben die ungeschälte, aber gebürstete und gewaschene Trüffel dazu, würzen sachte und gießen mit dem Sherry auf, so daß er über der Trüffel steht. Dann lassen wir das Ganze zugedeckt bei kleiner Flamme eine halbe Stunde kochen, nehmen die Trüffel heraus und stellen sie warm. Die restliche Flüssigkeit versetzen wir mit dem Pilzpulver und reduzieren sie ungefähr auf ein Viertel (sie darf aber nicht zu salzig werden!). Schließlich schneiden wir die Trüffel in Scheiben und übergießen sie auf einem vorgewärmten Teller mit der Reduktion. Und siehe da: die Trüffel schmeckt nach Trüffel!

Weitere Kochtips: Trüffel fein über Omelettes hobeln oder über Spaghetti – sie machen die einfachsten Gerichte zur Delikatesse!

Pilze zum Beissen

Im folgenden möchte ich einige Pilzarten zusammenfassen, die man wegen ihrer knackigen Konsistenz in fertigen Pilzspeisen kaum voneinander unterscheiden kann. Der bekannteste von ihnen ist

Der Pfifferling

Cantharellus cibarius, Eierschwammerl, Gelbling u. v. a.

Er ist wie geschaffen für den Marktverkauf, weil er kaum je von Maden befallen wird und sich ziemlich lange frisch hält. In manchen Gegenden tritt er in großen Massen auf und wird überall als deftig-würzige Spezialität geschätzt. Dieselben Vorzüge weist aber auch ein ihm – von oben gesehen – sehr ähnlicher, nur von wenigen Sammlern gewürdigter Pilz auf:

Der Semmelstoppelpilz

Hydnum repandum

Obwohl es keinen giftigen Vertreter in seiner Familie, den Stachelpilzen, gibt, wird er von Anfängern nicht genommen, weil sie ihn für ein falsches – also »giftiges« – Eierschwammerl halten. Gerade in Gegenden, wo Pfifferlinge nur selten wachsen, finden wir ihn sehr zahlreich. Ich habe schon oft Semmelstoppelpilzgerichte in Ermangelung von Pfifferlingen als solche deklariert. Und jedesmal wurde es mir von Feinschmeckern ohne den geringsten Zweifel abgenommen. Nur zu alte Exemplare, deren Hutwölbung schon braunstichig ist, sind leicht bitter und schmecken nicht mehr gut, besonders, wenn sie im Buchenwald stehen. Im Nadelwald bleibt ihr Geschmack länger mild.

Leichte Linsenschaumsuppe mit Hühnerleber und Pfifferlingen

250 g Linsen
1 Speckschwarte
80 g gewürfelter Selchspeck (Räucherspeck)
20 g Butter
1 mittelgroße Zwiebel
1 Lorbeerblatt
2 Zweige Oregano
3 gehackte Kapern
1 gehacktes Sardellenfilet
2 gehackte Knoblauchzehen
1 Teelöffel geriebene Zitronenschale
1 Teelöffel gehackte Petersilie und Thymian
1,25 l Hühnerbouillon
1/4 l Weißwein
Pfeffer, Salz
1 Schuß Essig

Einlage:

8 Hühnerlebern
200 g Pfifferlinge
1 gehackte Zwiebel
40 g Butter
3–4 Eßlöffel geschlagene Sahne
1 Teelöffel gehackte Petersilie

Die Linsen mit der Speckschwarte, Lorbeerblatt und Oregano in Salzwasser weichkochen und in ein Sieb abgießen.
Die feingewürfelte Zwiebel mit Butter und Speck goldbraun rösten, mit den Linsen, den übrigen Zutaten und dem Weißwein in die Hühnerbouillon einrühren und noch etwa 15 Minuten kochen. Mit Pfeffer und Essig abschmecken und pürieren.
Leber, Pfifferlinge und Zwiebel in der Butter garen, salzen und in Suppentellern garnieren. Die mit Sahne verfeinerte Suppe darübergießen und mit Petersilie bestreuen.

Hier eine österreichische Spezialität, die den würzigen Geschmack der Pfifferlinge besonders hervorhebt:

Eierschwammerl-gulasch

3 mittelgroße Zwiebeln
Butter, 1–2 Zehen Knoblauch
Rosenpaprika, Essig
750 g Pfifferlinge
Salz, 1 Prise Cayennepfeffer
Mehl

Die gehackten Zwiebeln in der Butter anrösten, Knoblauch und Paprikapulver einige Sekunden miterhitzen, mit einem Spritzer Essig und etwas Wasser löschen, die Pfifferlinge beimengen, würzen, ca. 20 Minuten schmoren, mit Mehl bestäuben und noch 10 Minuten auf kleiner Flamme garen lassen. Dazu reicht man unbedingt Semmelknödel.

Wiener Semmelknödel

4 gewürfelte alte Semmeln (Brötchen)
100 g Butter, 1 Ei
etwas feingehackte Petersilie
Salz, ca. 150 ml Kondensmilch
Semmelbrösel, Mehl

Die Butter schmelzen lassen, über die Semmelwürfel gießen, durchmischen und etwa eine halbe Stunde ruhen lassen. Dann mit Ei, Petersilie, Salz und Kondensmilch sehr gut verrühren und den Teig mit etwas Semmelbröseln und Mehl geschmeidig fest kneten. Wenn möglich, bereitet man den Teig bereits am Vorabend zu, schlägt ihn in Alufolie und bewahrt ihn im Kühlschrank auf. Erst unmittelbar vor dem Kochen formt man daraus 8 Knödel, legt sie in leicht gesalzenes, wallendes Wasser und läßt sie etwa 10 Minuten bei kleiner Flamme zugedeckt garen.

Pfifferlinge und Semmelstoppelpilze à la provençale

1 kg Pilze, Olivenöl
3 zerdrückte Knoblauchzehen
Petersilie, Pfeffer
Salz, Semmelbrösel

Die zerkleinerten Pilze in reichlich heißem Olivenöl leicht anrösten, den Knoblauch und die Gewürze dazugeben und kurz mitrösten lassen. Zuletzt den Überschuß an Öl durch Beifügen von Semmelbröseln binden und mit gehackter Petersilie bestreuen. Dieses Pilzgemüse schmeckt hervorragend zu gebackener Kalbsleber.

Pfifferlinge in Sahnesauce

1 Zwiebel, gehackte Petersilie
Butter, 1 kg Pilze
Pfeffer, Salz
1/4 l süße Sahne, Mehl

Die gehackte Zwiebel mit der Petersilie in der Butter leicht anrösten, die gut gewaschenen abgetropften Pilze würzen und mitdünsten, bis ihre Flüssigkeit verbraucht ist. Schließlich die mit etwas Mehl verquirlte Sahne noch kurze Zeit mitkochen. Dazu serviert man Semmelknödel.

Weitere Kochtips: Pfifferlinge und Semmelstoppelpilze soll man wegen ihrer schweren Verdaulichkeit gut kauen. Schneidet man sie aber zu dünn auf, verschwindet ihr »knackiger« Reiz. Sie eignen sich gut zum Braten und als Mischpilze. Getrocknet werden sie zäh und leicht bitter, ebenso beim Einfrieren.

Die Goldgelbe Koralle

Ramaria aurea, Bärentatze, Ziegenbart u. v. a.

Sie ist auch ein Pilz zum »Beißen«, besitzt jung ein feinwürziges Aroma und läßt sich ebenfalls gut mit dem Pfifferling mischen. Ältere Exemplare nehmen Sie auf keinen Fall! Sie können durch ihren bitter-muffigen Geschmack das ganze Mischpilzgericht verderben. Blasse, ockerfarbene und extrem dünnfleischige, stark orangefarbene Korallen sind »Bauchwehkorallen« und leicht giftig. Verwenden Sie also nur dickfleischige Pilze, die in der Farbe von zitronengelb bis rötlich variieren.

Pilzsülze aus Korallen und anderen dekorativen Pilzen

Etwa ein Halbliter-Glas dekorative Essigpilze
1 Gläschen Mixed Pickles

Marinade:
$^1/_8$ l Essig, 1 l Wasser
etwas Zucker, Knoblauch
Pfeffer, Salz, $^1/_2$ Glas Weißwein
1 Päckchen weiße Gelatine

Pilzsülze ist bei einem kalten Buffet ein extravaganter Höhepunkt und kann, bei der richtigen Auswahl, Feinschmecker bereits optisch in helles Entzücken versetzen. Wenn wir während des Jahres Pilze in Essigwasser einlegen, sollten wir einige Gläser speziell für Pilzsülzen bestücken. Am besten eignen sich hierfür kleine, ganze, feste Pilzchen in verschiedenen Farben oder Schnitte von Pilzen, die ihre Konturen gut erkennen lassen. Natürlich auch die Ästchen von Korallen oder Glucken. Junge Hüte verschiedenfarbiger Täublinge schneide ich in kleine Quadrate, ohne die Oberhaut abzuziehen. Querschnitte aus Morcheln sehen wie kleine Zahnräder aus. Längsschnitte von Hexeneiern (noch geschlossenen, kugeligen, von der Außenhülle befreiten und in diesem Stadium genießbaren *Stinkmorcheln* [Phallus impudicus]) ähneln im Aussehen Kiwi-Frucht-Scheibchen. Auch Orangerote Becherlinge, Blaue und Rötliche Lacktrichterlinge, junge, halbierte Reizker, Anistrichterlinge, Pfifferlinge, Violette Ritterlinge, Leberpilzstücke, Anischampignons und gelbe Hexenpilzscheibchen wirken sehr effektvoll.
Die Essigpilze gut abspülen und in der frischen Marinade einige Stunden ziehen lassen. Die Gelatine in einer halben Tasse Wasser vorquellen lassen. Den Weißwein mit Marinade-Flüssigkeit erhitzen und mit der Gelatine so lange verrühren, bis diese völlig gelöst ist. In die mit kaltem Wasser ausgespülten Portionsschalen wenig Gelatineflüssigkeit eingießen und erstarren lassen. Einen besonders dekorativen Pilz und dann die übrigen Pilze, die Mixed Pickles und die warm gehaltene Gelatineflüssigkeit schichtweise auffüllen und schließlich noch mit der restlichen Gelatineflüssigkeit ausgießen. Einige Stunden kaltstellen. Portionsteller mit Salatblättern und Scheibchen von harten Eiern garnieren und die Sülze darauf stürzen.

Leichte Linsenschaumsuppe mit Hühnerleber und
◁ Pfifferlingen, Seite 60

Salat aus Pfifferlingen, Korallen und Schnecken

Junge Pfifferlinge, Korallen und Semmelstoppelpilze findet man oft nebeneinander. Sie weisen eine sehr ähnliche, knackige Konsistenz auf, und deshalb lege ich sie gerne gemeinsam als saure Pilze ein. Die eingelegten Pilze abspülen und mit gehackten Zwiebeln, wie auf Seite 54 angegeben, frisch marinieren. Die aufgetauten Schnecken ebenfalls gut spülen und mit den Pilzen einen halben Tag ziehen lassen. Sie können, nach Geschmack, auch frisch gehackte Petersilie dazutun.

Weitere Kochtips für Korallen: Korallen vertragen sich als Mischpilze gut mit allen anderen Pilzen. Geeignet zum Braten, Backen, für Salate, gehackt für Pilzknödel, nicht gut zum Einfrieren und Trocknen.

Die Krause Glucke und die Eichenglucke

Die Krause Glucke Sparassis crispa und die Eichenglucke Sparassis laminosa – Eichhase

Beide haben ein sehr eigenwilliges Aussehen mit gekröseartigen Überlappungen. Es sind sogenannte Mykorrhizapilze: die Krause Glucke ist an eine Lebensgemeinschaft mit Föhren gebunden, den Eichhasen findet man nur in Eichenwaldungen. Geschmacklich zählen sie zu unseren wertvollsten Speisepilzen. Beim Putzen empfiehlt es sich, ihre Rosen einige Male in kochendem Wasser zu schwenken, wodurch ihr Gewebe erschlafft und so leichter die eingeschlossenen Schmutzteilchen und Kleinlebewesen freigibt. Auf zu alte Exemplare müssen wir leider verzichten, weil sie auch zu Bitterkeit neigen.

Gluckenschnitzel Parisienne

Etwa 8 Scheiben einer Krausen Glucke
oder eines Eichhasen
Pfeffer, Salz
gequirlter Teig aus 1/4 l Milch
1 Ei, 125 g Mehl und Salz
Öl zum Ausbacken

Die gewürzten Pilzscheiben durch den Teig ziehen und in heißem Öl goldbraun backen.

Eichhase im Speckhemd

1 ganze Glucke
große, dünne, magere Speckscheiben
geriebene Muskatnuß
Pfeffer, Salz
1 Zwiebel, Butter
1/2 l Rindsuppe
1 Gläschen Weinbrand
1/4 l saure Sahne, Mehl

Die Glucke einige Male in kochendem Wasser schwenken, bis man sicher ist, daß sie von außen ohne Aufschneiden ganz sauber wird. Dann sehr sorgfältig reinigen, würzen, mit den Speckscheiben umwickeln und diese mit einer Schnur, Spießchen oder am besten mit einem Netz, wie es Fleischer für Rollschinken verwenden, gut befestigen.
Die gehackte Zwiebel mit der Butter in einer Kasserolle anrösten, die gewickelte Glucke daraufsetzen, mit der Rindsuppe begießen und im Backofen bei mittlerer Hitze braten.
Sobald der Speck oben angebraten ist, die Hälfte des Weinbrands daraufträufeln, noch 5 Minuten weiterbraten, dann die Glucke vorsichtig wenden und schließlich bei der Endbräunung mit dem Rest des Weinbrands beträufeln. Die mit Mehl verquirlte Sahne unter den Saft mischen und einmal aufkochen lassen.

Weitere Kochtips: Gluckenscheiben schmecken vorzüglich in Semmelbröseln paniert oder in Bierteig gebacken, eignen sich aber für alle Pilzgerichte, auch zum Trocknen (nur die Rosen!) und für Salate (Sülze!). Mischen sollte man Glucken nur mit anderen edlen Sorten, um ihren feinen Geschmack zu erhalten.

Der Edelreizker

Lactarius deliciosus, Blutreizker, Fichtenreizker u. a. Abarten

Ich glaube nicht, daß der Reizker aus geschmacklichen Gründen weniger geschätzt wird, sondern wegen seiner spröden, trokkenen, bei älteren Exemplaren fast holzigen Konsistenz. Wenn man dies berücksichtigt, kann man trotzdem delikate Speisen aus ihm bereiten.
Wir verwenden nur die orange-rötlich milchenden Arten, um sie nicht mit dem unbekömmlichen *Birkenreizker* (Lactarius torminosus) zu verwechseln, der eine weiße Milch absondert. Reizker sind besonders madenanfällig. Ich erinnere mich, wie ich mit meinem Freund Posto einen Berg Reizker auf meinem Küchentisch säuberte. Die großen Exemplare schnitten wir auf und schabten die beginnenden Madengänge aus dem Innenteil der Stiele. Die ganz kleinen, festen Reizker hatten wir nur äußerlich geputzt. Da trat mein alter, bereits todkranker Vater, der uns heimlich beobachtet hatte und vielleicht ein bißchen neidisch auf unseren großen Fund war, wie ein Weltuntergangsprophet in die Küche und verkündete: »Die verderben euch alle! Ganz falsch macht ihr das! Pilze gehören immer der Länge nach halbiert, auch die kleinsten – das ist ein Naturgesetz!« Damit verschwand er. Er hatte ja recht. Wir halbierten nun auch die Mini-Reizker und stellten wirklich in einigen von ihnen Madengänge fest. Seither wurde das »Naturgesetz« bei uns ein geflügeltes Wort.

Eierschwammerlgulasch mit Wiener Semmelknödel, Seite 61 ▷

Pikanter Reizkersalat

500 g Reizker, Salz
einige Essiggurken
1 große Zwiebel
Kapern nach Geschmack
Essig, Salz
Pfeffer, Zucker, Öl

Die Reizker einige Minuten in Salzwasser kochen, abspülen und mit den Gurken und der Zwiebel halbfein würfeln, die Kapern feinhacken und alles zusammen in der Marinade einige Stunden ziehen lassen.

Reizkerknödel mit Hackfleisch

250 g Reizker
1 große Zwiebel, Butter
250 g Hackfleisch (Faschiertes)
1 Ei, Semmelbrösel (evtl. Pilzpulver)
Mehl, Pfeffer, Salz
wenig gehackte Petersilie
1 l Rind- oder Kalbssuppe

Zwiebel und Pilze fein schneiden und nacheinander in der Butter anrösten, bis der Saft verdampft ist. Durch den Fleischwolf drehen und kaltstellen. Mit Hackfleisch und allen übrigen Zutaten zu einem geschmeidigen Teig verkneten. Daraus kleine Bällchen formen und in der kochenden Suppe etwa eine halbe Stunde bei kleiner Flamme garwerden lassen.
Dazu passen vorzüglich Wild- und dunkle Fleischsaucen.

Reizkersuppe

500 g Reizker
1 Zwiebel, Räucherspeck
Kümmel, Mehl
1 l Rindsuppe
Pfeffer, Salz
Ketchup, 1/2 Glas Rotwein

Die gehackte Zwiebel und die feingeschnittenen Reizker nacheinander im erhitzten Speck anrösten, den Kümmel ganz kurz mitrösten, mit Mehl bestäuben und mit der Rindsuppe auffüllen. Einige Minuten kochen lassen und mit Pfeffer, Ketchup und Rotwein abschmecken.

Weitere Kochtips: Für heiße Gerichte sollten Reizker immer vorher geschmort werden, weil sie dadurch am ehesten ihre Strohigkeit verlieren. Speck und Kümmel bekommen ihnen sehr gut. Vorzüglich schmecken Reizker auch mit Zitronensaft beträufelt, mit Bröseln paniert und dann gebacken. Reizker vertragen überhaupt viel Säure. Als Salat verlangen sie mehr Essig als andere Pilze und sollten wie Mixed Pickles mit Gewürzkörnern eingelegt werden. Zu Pilzpulver verarbeitet schmecken sie wie Maggiwürze.

Pilze zum Blanchieren: die Ritterlinge

Sie kommen sehr häufig vor, besitzen aber größtenteils keinen feinen Geschmack. Trotzdem lassen sich aus einigen von ihnen typische Spezialitäten bereiten, die mit anderen Pilzen nicht erreicht werden. Eher ärmlich muffig schmeckt im Gegensatz zu seinem appetitlichen Aussehen der folgende Ritterling:

Der Purpurfilzige Holzritterling

Trichomolopsis rutilans

Sein rotfilziger Hut und sein schönes, gelbes Fleisch verführen einen leicht dazu, zu viele Exemplare für ein Mischpilzgericht zu verwenden. Leider schmeckt er dann vor und erstickt die anderen Pilzarten. Jedoch ein einziger junger Holzritterling rundet die Speise positiv ab. Größere Mengen legen Sie als Essigpilze ein! Dazu eignet sich der Holzritterling vortrefflich. Sonst taugt er zu nichts.

Der Grünling

Tricholoma flavovirens, Echter Ritterling, Gold- oder Grünreizker

Auch er hat ein sehr eigenwilliges Aroma, auf das man nicht verzichten sollte. Man reinigt ihn am besten von den Sandkörnern, indem man ihn in lauwarmem Wasser bürstet.

Grünlinge mit Kräuterbutter

500 g Grünlinge, Salzwasser
125 g Butter, vermischt mit
feingehackten Schalotten
Petersilie, Knoblauch
und anderen Kräutern nach Belieben
Pfeffer und Salz
Salatblätter

Die gut gereinigten Grünlinge je nach Größe ganz oder halbiert 5 Minuten in Salzwasser blanchieren und abtropfen lassen. Heiß auf Salatblättern anrichten und die cremige Kräuterbutter darüber verteilen.

Weitere Kochtips: Zur Verbesserung von Mischpilzgerichten nimmt man Grünlinge ebenfalls nur in geringen Mengen. Als Salat schmecken sie hervorragend.

Der Violette Ritterling

Lepista nuda oder Nackter Ritterling

Er bietet wegen seiner leichten Süßlichkeit die interessanteste Variante. Aufgrund seiner Widerstandsfähigkeit finden wir ihn besonders häufig im Spätherbst, wenn kaum andere Pilze gedeihen. Äußerlich und geschmacklich sehr ähnlich ist ihm der *Maskenritterling* (Lepista personata). Ich bereite beide Arten gleich zu.

Geschmorte Leber mit Ritterlingen

Butter, 2 Zwiebeln
400 g Kalbs-, Schweine oder Geflügelleber
600 g Violette Ritterlinge
1 Teelöffel Zucker, etwas Mehl
Pfeffer, Salz, Zitronensaft

Die Zwiebelringe und die geschnitzelte Leber nacheinander in der Butter anrösten und mit wenig Wasser aufgießen, um die Röstspuren vom Pfannenboden abzulösen. Dann die feingeschnittenen Ritterlinge und Zucker zugeben und im eigenen Saft schmoren lassen, bis der Saft verdampft ist.
Mit etwas Mehl ganz leicht anrösten, pfeffern, mit wenig Wasser aufgießen und mit Zitronensaft und Salz abschmecken.
Wir können ebenso »falsche Leber« nur aus Ritterlingen bereiten, ohne Zugabe von Leber.

Violette Ritterlinge mit Sauce Tatare

3 Eidotter (Eigelb)
1 Spritzer Essig, Pfeffer, Salz
1/4 l Öl
1 Zwiebel, 1 Essiggurke
1/2 Bund Schnittlauch
500 g Violette Ritterlinge
Salzwasser

Eidotter, Essig, Pfeffer und Salz gut verquirlen und dann tropfenweise das Öl dazugeben, bis eine feste Mayonnaise entsteht. Die feingehackte Zwiebel, Gurke und Schnittlauch daruntermengen.
Die ganzen und halbierten Ritterlinge in Salzwasser 5–10 Minuten kochen, abtropfen lassen, heiß auf vorgewärmten Tellern anrichten und die kalte Sauce darüber verteilen.

Violette Ritterlinge mit Spargelsauce

500 g Violette Ritterlinge
1 l Rindsuppe
1 kleines Paket Tiefkühlerbsen
1 kleine Dose Spargel, Butter, Mehl
Salz, 1 Eidotter, etwas Sahne

Die ganzen und halbierten Ritterlinge und die Tiefkühlerbsen 5–10 Minuten in der Rindsuppe kochen.
Die Dosenspargel fein hacken, eine helle Schwitze bereiten, die Spargel mit ihrem Saft kurz mitkochen lassen und salzen, so daß eine gebundene Sauce daraus wird. Mit Eidotter und Sahne legieren.
Die abgetropften Pilze und Erbsen auf Tellern anrichten und mit der Spargelsauce übergießen. Die verbleibende Suppe sollte weiterverwendet werden.

Violette Ritterlinge mit Äpfeln

400 g Violette Ritterlinge, Salz
Saft einer halben Zitrone
einige Scheiben durchwachsener Speck
2 große Äpfel, Zucker

Die Pilze in Salzwasser blanchieren, ausgekühlt in dünne Scheiben schneiden und mit Zitronensaft beträufeln. Eine feuerfeste Form mit dünnen Speckscheiben auslegen, die Pilze und die gezuckerten Apfelscheiben übereinander verteilen, obenauf eine gezukkerte Apfelscheibe legen und im Backofen bei mittlerer Hitze überbacken, bis die Apfelscheiben goldbraun sind.

Weitere Kochtips: Ritterlinge geben in kleiner Dosierung Mischpilzgerichten eine besondere Note und werden sonst vor allem für Salate geschätzt. Kleine Violette Ritterlinge eignen sich für Sülzen und Garnierungen!

Der Riesenbovist

Lycoperdon maximum

Wenn Sie das Glück haben, zwei Riesenboviste zu finden, probieren Sie, bitte, beide nachfolgenden Rezepte. Finden Sie jedoch nur einen Giganten, müssen Sie ein paar Feinschmecker einladen und ihn gefüllt als Überraschungsbraten im Backofen zubereiten! Es wurden schon Exemplare mit 30 kg gefunden. Mein größter wog 6 kg.
Boviste eignen sich nicht für Mischpilzgerichte, weil sie beim Dünsten zäh werden. Wir verwenden sie nur gebraten oder wie Wiener Schnitzel gebacken. In dieser Form schmecken sie sehr delikat.
Natürlich gibt es auch kleinere Boviste, die als gebratene Scheiben besonders fein schmecken, z. B.:

Der Flaschenbovist

Lycoperdon gemmatum

Boviste gedeihen gut auf Kuhweiden, daher ihr Name (lat.: bos, bovis das Rind). Selbst wenn sie am Rande von Kuhfladen wachsen, schadet es nicht ihrem lieblichen Geschmack. Wichtig bei Bovisten ist nur, daß sie immer reinweiß und fest sind. Das Innere der giftigen Kartoffelboviste ist auch in ganz jungem Zustand *nicht weiß*.

Boviste gebraten

Fingerdicke Scheiben von einem Riesenbovist
oder dünnere Scheiben von Flaschenbovisten
Pfeffer, Salz, Mehl, Butter

Die gesalzenen und ganz leicht gepfefferten Pilzscheiben in Mehl wenden und in Butter goldgelb braten.

Gefüllter Riesenbovist

1 Riese
Butter, Zwiebeln
Räucherspeck, Grieben
Pfeffer, Salz, Paprikapulver
feingehackte Petersilie
Bratensaft

Hier ist es nicht möglich, die Füllmenge anzugeben, da ich nicht weiß, wie groß Ihr Bovist ist. Sehr effektvoll macht sich eine Fülle mit rotem Paprika. Sie können aber, ganz nach Ihrem Geschmack, jede beliebige Fülle verwenden, wie etwa bei gefüllten Steinpilzen (Seite 53, 56).
Zunächst schaben Sie die spröde Hülle von Ihrem Bovist. Dann schneiden Sie den unteren Strunk ab, der immer ein bißchen zäh ist. Nun stechen Sie mit dem Messer eine entsprechend große Rundung in den Bovist und heben vorsichtig so viel Pilzfleisch heraus, daß Sie den nötigen Platz für die Füllung bekommen. Achten Sie darauf, daß der Bovist nach dem Aushöhlen noch möglichst viel Körper hat, bei großen Exemplaren mindestens 5 cm Stärke.
Sie schwitzen reichlich grob gehackte Zwiebeln in der Butter an und geben den grob gewürfelten Speck dazu, so daß er schön glasig, aber nicht braun wird, fügen die gehackten Grieben bei, würzen und stellen die Pfanne vom Feuer weg. Nun mischen Sie alles heiß mit dem Paprikapulver und der Petersilie und füllen es in den vorbereiteten Bovist, belegen die Öffnung mit einer großen Speckscheibe und setzen den Bovist in eine Kasserolle mit Bratensaft. Bei mittlerer Hitze schmoren Sie den Bovist unter mehrmaligem Begießen mit dem Bratensaft im Backofen gar.

Trompeten, die den Herbst verkünden: Die Totentrompete

Craterellus cornucopioides –
Herbsttrompete

Die Totentrompete ist zum Trocknen prädestiniert. Es gibt keinen anderen Pilz, der getrocknet eine so starke, delikate Würzkraft entwickelt wie dieser, nicht einmal die köstliche Morchel. Obwohl die Totentrompete natürlich auch in frischem Zustand alle Mischpilzgerichte aufwertet, wäre es schade, sie so zu verwenden. Man kann nie genug Trompetenpulver haben! Ich hatte das Glück, einmal mit einer munteren Kinderschar in den Wald zu ziehen und in einem Buchenwald auf einem unwegsamen Steilhang auf Massen gut getarnter Totentrompeten zu stoßen. Ich schloß mit den Kindern ein Übereinkommen, daß ich alle Pilze, die ich fand (auch Steinpilze) unter ihnen aufteilte und sie dafür auf dem Steilhang für mich herumkrabbelten, um alle Totentrompeten, die sie zusammenraffen konnten, für mich zu sammeln. Bald hatte ich genug Pilze beisammen, um alle Kinder und ihre Familien verköstigen zu können. Dafür erhielt ich viele Körbe und Säcke voller Totentrompeten – eine gigantische Ausbeute! Getrocknet und zu Pulver zerstoßen waren es 3 kg. Befreundete Feinschmecker haben mir inzwischen viele Quentchen des kostbaren Pulvers abgejagt. Trotzdem besitze ich noch eine große Dose davon.

Weitere Kochtips: Wie gesagt, ich rate Ihnen, Totentrompeten nur zu trocknen. Frisch eignen sie sich sehr gut für Suppen, Saucen und saure Salate, in stärker konzentriertem Essigwasser eingelegt oder selbst hergestellten Mixed Pickles beigemengt. Gebraten bleiben sie zäh. Bei Garnierungen finden Stückchen von Totentrompeten oft als Périgord-Trüffelersatz Verwendung.

Wofür können wir Trompetenpulver verwenden?

Trompetenpulver ist ein wesentlicher Bestandteil der Pilzküche und hat gegenüber frischen Pilzen den Vorteil, daß es praktisch unbegrenzt hält, seine Würzkraft viel stärker ist und jederzeit zur Verfügung steht. Wir können damit alle weniger aromatischen Pilzspeisen aufwürzen, aber auch jedes Mischpilzgericht veredeln. Ebenso Suppen, Saucen, Gemüse, Bratensaft, Füllungen für Braten oder Rouladen, Pilzknödel, Schnitzel, die man abends mit dem Pulver einreibt und am nächsten Morgen paniert und bäckt und vieles mehr. Sein einziger Nachteil: es ist dunkel und daher nicht für helle Saucen geeignet. Deshalb dürfen auch helle Pilzpulver, wie Nelkenschwindlingspulver, in der guten Pilzküche nicht fehlen.

Ein Vorbote des Winters: Der Hallimasch

Armillariella mellea – Honigpilz

Mit dem Hallimasch schließt sich mein Pilzreigen. Er war oft der letzte Pilz, den ich im späten November steifgefroren von Baumstrünken brach, bevor die eigentlichen Winterpilze auftraten. Noch bis vor kurzem wurde der gut haltbare Pilz bei uns am Markt verkauft. In letzter Zeit wird er als giftig verschrien, was ich persönlich für Unfug halte. Roh genossen galt er immer schon als giftig, aber wer ißt ihn schon roh? Ganz im Gegenteil: Wegen seines überstarken Aromas ist es üblich, sein erstes Kochwasser wegzugießen, obwohl dies nicht notwendig ist. Die Stiele sind meist zäh, daher empfiehlt es sich, nur die Hüte zu sammeln.

Hallimasch mit Bratkartoffeln

500 g Zwiebeln
500 g Hallimasch
Räucherspeck
Pfeffer, Salz, Mehl, Butter
Kartoffeln, Petersilie

Die grob geschnittenen Zwiebeln und Hallimasch nacheinander im gewürfelten Speck anrösten, würzen, mit Mehl bestäuben und mit etwas Wasser aufgießen. Dazu gekochte Kartoffeln in Butter mit gehackter Petersilie anbraten.

Weitere Kochtips: Der Hallimasch verlangt nach viel Speck und Zwiebeln. Gut eignet er sich auch gehackt für Knödelmasse. Als Salat, in Essigwasser eingelegt, behält er seine Eigenart, schmeckt hervorragend und sülzt leicht. Oft kann man nach einem unergiebigen Pilzsommer doch noch alle Vorratsgläser mit ihm füllen, weil er bisweilen massenhaft vorkommt.

Pilze aus Fernost

Weit ist der Weg in den Wald für die Bewohner einer Großstadt. Der kürzere Weg führt in ein Feinkostgeschäft. Neben vielerlei Dosenpilzen, die wir besser frisch auf dem Markt einkaufen, interessieren uns hier hauptsächlich exotische Pilze, die es in getrockneter Form im Angebot gibt. Der Begriff »China-Pilze« ist keine Gattungsbezeichnung, sondern bezieht sich nur auf das Ursprungsland China. Als »Chinesische Pilze« werden die verschiedensten Hüte von Lamellenpilzen gehandelt, die wir ebensogut in unseren Wäldern finden könnten. Es sind dies unter anderem Nelken- und Knoblauchschwindlinge, Speitäublinge, verschiedene Arten von Träuschlingen, Reizker und sogar Schirme von Parasolpilzen. In China weiß man über die Verwertung von Speisepilzen besser Bescheid als bei uns. Deshalb haben auch viel mehr Pilzarten Eingang in die ostasiatische Küche gefunden.

Noch reizvoller sind die sogenannten »Chinesischen Morcheln«, die nicht als Pilze (mit Hut und Stiel), sondern als »Pilzgewächse« charakterisiert werden. Daß man sie bei uns kaum kennt, hat seinen Grund: Chinesische Gemüsearten, wie Bambussprossen, Sojabohnenkeimlinge, verschiedene Knospen, Bohnen und Samen haben einen gewissen »Biß«. Diese Eigenschaften weisen aber in besonderem Maß gallertige, wächserne Pilzarten auf, die gerade wegen ihrer Konsistenz nicht gut zu europäischen Gemüsen passen. Kein Wunder also, daß sich unsere Pilzsammler bisher nur wenig mit ihnen befaßt haben. Bezeichnenderweise wird in unseren Pilzbüchern dem Judasohr kein Wohlgeschmack zugebilligt, sondern nur eine gewisse Heilwirkung bei Augenentzündungen als »Augenschwamm«.

◁ Immer wieder ein bißchen anders zubereitet, aber stets sehr lecker: chinesisches Gemüsegericht, Seite 77

Das Wolkenohr

Auricularia auricula-judae – Baumohr, Holunderschwamm, Judasohr, Mu-Err

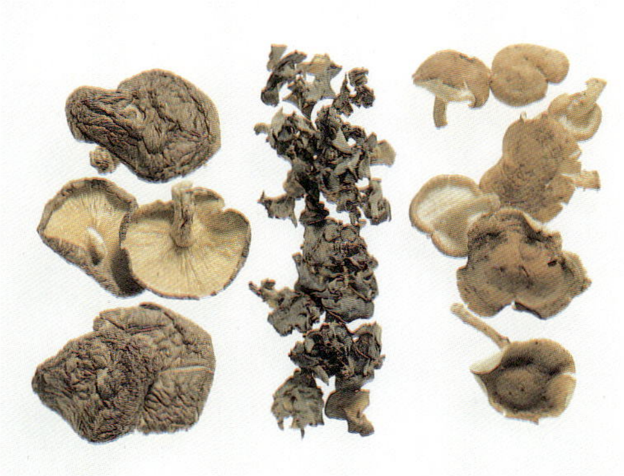

Getrocknete Shiitake und Wolkenohren, rechts frische Shiitake

Unglaublich für unsere Pilzsammler: Das Wolkenohr ist das begehrteste Pilzgewächs in China und wird – z. B. mit getrockneten Lilienknospen gekocht – als Köstlichkeit geschätzt. Die Chinesen sind Meister im Trocknen von Früchten und Pilzen. Wenn auch das Judasohr in frischem Zustand kaum ein eigenes Aroma hat, so entwickelt es getrocknet einen zarten Morchelduft. Seine Quellfähigkeit ist enorm. Und so, wie es Wasser in sich saugt, nimmt es auch Gewürze und die Geschmackstoffe mitgekochter Zutaten an. In unseren Wäldern und Auen finden wir das Judasohr während des ganzen Jahres. Es wächst vor allem auf alten Holunderstämmen, aber auch auf Nußbäumen, Weiden, Ulmen und andern Laubhölzern. Seine gelatinöse Becher- und Ohrform unterscheidet es deutlich von dem wertlosen *Gezonten Ohrlappenpilz* (Auricula mesenterica). Dieses an der Oberfläche filzig behaarte Pilzgewächs ist mit der Baumrinde fest verwachsen, läuft lappenförmig aus, und nur sein äußerster »Ohrenrand« ist wirklich sauber.

Andere Arten von »China-Morcheln«

Natürlich zählen auch in Fernost die echten Morchelarten (Seite 25) zu den begehrtesten Speisepilzen. In der Chinesischen Küche geht es aber nicht so sehr um den Eigengeschmack als um den knorpeligen »Beiß-Effekt«. »China-Morcheln« sind also keine Morcheln im wissenschaftlichen Sinn, sondern »morchelartig« nur in bezug auf Struktur und Konsistenz. Gerne verwendet man Totentrompeten* und Kraterellen, aber noch häufiger die vielen Arten der Becherlinge und Öhrlinge.

Effektvoll wie Wolkenohren zuzubereiten und zum Trocknen hervorragend geeignet sind *Der Leuchtende Prachtbecher* (Caloscyphe fulgens), der *Orangerote Becherling* (Aleuria aurantia), der *Prachtbecherling* (Sarcoscypha coccinea), der *Kastanienbraune Becherling* (Plicaria badia), der *Hasenohr-Becherling* (Otidea leporina), der *Ader-Becherling* (Discina venose), der *Schneckenförmige Becherling* (Otidea cochleata), aber auch der *Rotbraune Gallertpilz* (Gyrocephalus rufus), das *Gallertkäppchen* (Leotia lubrica) und eventuell das *Schweinsohr* (Gomphus clavatus).

* Die Totentrompete gedeiht in China häufig in einer wolkenförmig aufgefächerten Art. Diese kommt nur sehr selten bei uns vor. Vor einigen Jahren hatte ich das Glück, sie unter einer riesigen Kolonie von »normalen« Totentrompeten zu entdecken. Sie hatte dieselbe Farbe und sah so aus, als ob 10–20 Trompeten vergessen hätten, sich trichterförmig nach unten zu einer Röhre zu verengen. Das seltsame Gewächs bildete eine Art Schüssel, deren oberer Rand in wolkenförmigen Rundungen auslief.

Gemüse-Pilzsuppe »Tokio«

20 g getrocknete japanische Pilze »Tung-Koo«
1 Handvoll Glasnudeln
200 g Staudensellerie
2 Eßlöffel Sonnenblumenöl
1 Liter Hühnerbrühe
2 Frühlings-(Lauch-)Zwiebeln
1 kleine Dose Sojabohnensprossen (170 g)
je 2 Eßlöffel Sojasauce und trockener Sherry
1 Teelöffel Weinessig
Chinagewürz oder Curry

Die Pilze und die Glasnudeln getrennt 20 bis 30 Minuten in heißem Wasser ausquellen lassen. Den geputzten Staudensellerie kleinschneiden, in Öl andünsten und mit fertiger Hühnerbrühe aufgießen. 5 Minuten leise kochen lassen, dann die zerkleinerten Glasnudeln und die in feine Ringe geschnittenen Zwiebeln dazugeben und weitere 5 Minuten kochen lassen. Die Sojabohnensprossen darin heiß werden lassen und mit den Gewürzen pikant abschmecken.

Sie sollten darauf achten, daß das Gemüse keinesfalls zerkocht wird, sondern sich schön knackig beißen läßt.

Chinesische Trockenpilzsauce

12 getrocknete China-Pilze oder -Morcheln
Öl, 3 zerteilte Schalotten
1/2 Teelöffel zerriebener Ingwer
1 Tasse Fleischbrühe, Zucker
Sojasauce
1 Eßlöffel Maisstärke, in einem Eßlöffel kaltem
Wasser aufgelöst

Die Pilze mindestens eine halbe Stunde in lauwarmem Wasser einweichen und dann waschen. Die Einweichflüssigkeit (1 Tasse) durchseihen und mit der Fleischbrühe, etwas Sojasauce und dem Zucker vermischen. Die Pilze in Streifen schneiden und 2 Minuten unter ständigem Rühren im heißen Öl anbraten und 2 weitere Minuten die Schalotten und den Ingwer mitbraten. Mit der gewürzten Fleischbrühe ablöschen und 10 Minuten bei kleiner Flamme kochen. Schließlich die aufgelöste Maisstärke unter die kochende Mischung rühren.

Chinesisches Gemüsegericht

4 getrocknete Wolkenohren (Mu-Err)
6 getrocknete China-Pilze oder -Morcheln
1 Handvoll Glasnudeln
200 g Chinakohl oder Staudensellerie
125 g Möhren, in Streifen geschnitten
3 Eßlöffel Erdnuß- oder Sonnenblumenöl
1/2 Tasse Bambussprossen (Dose),
kleingeschnitten
6 geschälte Kastanien aus der Dose
125 g Tiefkühlerbsen
1 Eßlöffel Sojasauce
1 Teelöffel Salz
1 Messerspitze Glutamat
1 Tasse Hühnerbrühe

Die Pilze und die Glasnudeln getrennt in heißem Wasser 20 bis 30 Minuten ausquellen lassen. Dann die Wolkenohren in feine Streifen schneiden.
Den Chinakohl putzen, waschen und in zentimeterbreite Streifen schneiden. Zusammen mit den Möhren im heißen Öl andünsten. Bambussprossen, die halbierten Kastanien, Erbsen und Gewürze zugeben und mit heißer Hühnerbrühe aufgießen. Zugedeckt 10 Minuten leise kochen lassen.

Weitere Kochtips: Noch besser als Tiefkühlerbsen schmecken mir frisch geerntete Zuckererbsen aus dem eigenen Garten. Wenn sie ganz jung sind, kann man sie mit der Schale verarbeiten. Man muß lediglich die Fäden entfernen und die harten Enden abknipsen.

Pilze und Rezepte von A bis Z

BÜCHER FÜR FEINSCHMECKER

Das schmeckt nach Urlaub und südlicher Sonne: Die schönsten Rezepte mit raffinierter Knoblauchwürze, vielseitig, gesund und meisterhaft fotografiert – ein Genuß schon beim Ansehen!
Ein Bild- und Geschenkkochbuch.
134 Seiten, rund 70 Fotos.

Rund 70 erprobte Rezepte aus echtem Schrot und Korn: süße und pikante Kuchen, Brote und Brötchen, Pizza, Kleingebäck und Stollen, kernig und ausdrucksvoll im Geschmack. Genaue Zeit- und Temperaturangaben, Tips für das gesunde Backen.
Ca. 100 Seiten mit vielen Fotos.

Sahnig, cremig oder fruchtig: proble los Torten backen nach klaren Schr für Schritt-Fotos und detailllierten B schreibungen des versierten Kondit meisters Karl Neef. Sogar die groß Hochzeitstorte kann man selber backen!
94 Seiten, rund 200 Fotos.

Klein aber fein: Die große Überraschung mit kleinen Happen, phantasievoll angerichtet und meisterhaft fotografiert. 16 Köche der jungen Generation liefern neue Ideen für die raffinierte Partyküche - ein Fest für Augen und Gaumen!
175 Seiten, 80 Fotots.

Profi-Rezepte für zuhause - ein Kochseminar für Topfgucker, die den Sterneköchen über die Schulter schauen wollen. Tips und Tricks, Warenkunde und edle Rezepte rund um's Jahr - das Buch zur Kochserie in SWF 1.
134 Seiten, 52 Fotos.

Mehr als nur eine Mode: die asiatis inspirierte Küche, leicht, subtil und raffiniert, von vier Top-Köchen aus Deutschland und der Schweiz zur höchsten Vollendung gebracht und mit etwas Übung gut zuhause nach zukochen.
151 Seiten, über 50 Fotos.

Hädecke Bücher sind überall im Fachhandel erhältlich. Info bei:

HÄDECKE VERLAG • 71256 WEIL DER STADT